Topos plus **Taschenbücher**
Band 632

Rainer Hagencord

Gott und die Tiere

Ein Perspektivenwechsel

Topos plus Taschenbücher

Topos plus Verlagsgemeinschaft

Butzon & Bercker, Kevelaer | Don Bosco, München
Echter, Würzburg | Verlag Katholisches Bibelwerk, Stuttgart
Lahn-Verlag, Kevelaer | Matthias-Grünewald-Verlag, Ostfildern
Paulusverlag, Freiburg Schweiz | Friedrich Pustet, Regensburg
Tyrolia, Innsbruck Wien

Bibliografische Information der Deutschen Nationalbibliothek

Die Deutsche Nationalbibliothek verzeichnet diese Publikation in der Deutschen Nationalbibliografie; detaillierte bibliografische Daten sind im Internet über http://dnb.d-nb.de abrufbar.

Einband- und Reihengestaltung:
Akut Werbung GmbH, Dortmund
Herstellung: Pustet, Regensburg
Printed in Germany

Topos plus – ISBN: 978-3-7867-8632-0

www.toposplus.de

Inhalt

I. Einführung[1]

In seiner „Summa contra gentiles“ schreibt Thomas von Aquin: „Ein Irrtum über die Geschöpfe mündet in ein falsches Wissen über Gott und führt den Geist des Menschen von Gott fort.“ (II, c 3)

Wenn der Kirchenlehrer recht hat, ist eine exakte Beschäftigung mit den Mitgeschöpfen des Menschen kein luxuriöses Unterfangen; die Ausblendung der Tiere aus der Theologie und die damit verbundene Attestierung ihrer Irrelevanz führt vielmehr in ein falsches Gottesbild und verfälscht den Schöpfungsbegriff.

Als irrig, wenn nicht gar pathologisch lässt sich das Verhältnis der Menschen zu den Tieren (und Pflanzen) und in Folge zur Natur als Ganzer in den westlichen Industrienationen bezeichnen, von der Horst Stern sagt, sie kennten den Preis von allem und den Wert von gar nichts mehr.

In der vermeintlich harmlosen Spielart äußert sich dieser Irrtum darin, dass – so das Ergebnis einer bundesweiten Befragung – nur noch ein Drittel der Kinder und Jugendlichen fünf heimische Kräuter benennen kann, ein Siebtel fünf Zugvogelarten kennt und nur jedes achte Kind das Bild eines Lindenblattes zuordnen kann. Diese Unkenntnis paart sich zudem mit einer Verklärung: Laut Studie des Marburger Natursoziologen Reiner Brämer verstehen die Jüngeren unter der Natur „etwas Menschenfremdes, das durch Berührung mit dem Menschen denaturiert wird.“ Sogar ihren eigenen Körper schließen sie

1 Dieses Buch ist die gekürzte Fassung von Rainer Hagencords Werk: Diesseits von Eden. Verhaltensbiologische und theologische Argumente für eine neue Sicht der Tiere. Mit einem Geleitwort von Jane Goodall. Regensburg 3. Aufl. 2005; dort findet sich ein ausführliches Literaturverzeichnis und weitere wissenschaftliche Belege.

dabei von der Natur aus – für Brämer „eine höhere verinnerlichte Stufe der Naturentfremdung."

Außerdem meinen 91 % der Bundesbürger, die „landschaftliche Schönheit und Eigenart unserer Heimat" solle erhalten bleiben und gar 89 % sagen alters- und weltanschauungsübergreifend, das Lebensrecht von Pflanzen und Tieren sei achtenswert; dass zugleich in der selben zweckrationalen Mentalität, mit der man Steinkohle abbaut, Tiere als Schlachtfleischlieferanten in der Massentierhaltung maschinell so lange konsumgerecht gezüchtet und gemästet werden, bis sie verkaufsrentabel den Weg in die Schlachthöfe antreten, wird in der gleichen Gesellschaft entweder kaum zur Kenntnis genommen oder vehement verdrängt.

Die Tatsache, dass bereits 1986 in der alten Bundesrepublik 36 % aller Rinder (einschließlich Kälber) in Großbeständen von über 100 Tieren gehalten, über 66 % der Mastschweine, 83 % der Legehennen in Beständen von über 1000 Tieren gehalten wurden und in der Forschung jährlich etwa 300 Millionen Tiere ihr Leben lassen, wird achselzuckend und mit dem Hinweis auf Wirtschaftlichkeit und Notwendigkeit in Kauf genommen.

Der Biologe und Wissenschaftskritiker Rupert Sheldrake bringt dies im Blick auf Tiere in Menschennähe konsequenterweise zynisch in die Formel: „Die einen verzehren Haustierfutter, die anderen werden dazu verarbeitet".

Als eine der wenigen ihrer Zunft mahnt die Theologin Heike Baranzke, für die sich das Tier deutlich als anthropologische Frage entpuppt: „Angesichts des Tieres scheint sich erneut zu entscheiden, was der Mensch sein will, was er tun soll und welchen Gott er hat."

Tatsächlich mutet es angesichts der Tatsache, dass sich das Leben auf diesem Planeten ca. drei Milliarden Jahre ohne den Menschen entwickelt hat und es keinen Platz auf der Erde gibt, an dem die Tiere nicht vor uns da waren, nicht nur grotesk an, daran zu glauben, es sei ausschließlich der Mensch, an dem Gott Gefallen gefunden habe; einen Schöpfergott anzunehmen, für den alle Mitgeschöpfe des Homo sapiens lediglich für Statistenrollen vorgesehen waren und das Gesamt des Ökosystems Erde die relativ bedeutungslose Kulisse für den Auftritt des „eigentlichen" göttlichen Partners, gerät in einen berechtigten Häresieverdacht.

„… Und da kommt zuletzt der homo sapiens dazu und setzt sich den Wahn in den Kopf, diese ganze Lebensveranstaltung dreh' sich um ihn …", so fasst der Alttestamentler Fridolin Stier die menschliche Hybris zusammen und schreibt zugleich den Theologietreibenden die Mahnung in ihr Stammbuch: „Lernt das Wundern wieder, merkt, dass eurem wissenschaftlichen und theologischen Denken jede Antwort auf die Frage nach dem Sinn dieses Seienden total versagt ist! Schenkt euch die vorgefertigten *admiratio admirandi creatoris*-Formeln, sagt euch lieber: Wenn das nicht zum Verrücktwerden ist!" (Stier, Vielleicht ist irgendwo Tag, S. 197)

Obwohl die Tiere innerhalb der biblischen Offenbarung ihren eigenen Platz in den großen Themen „Schöpfung", „Bund", „Erlösung", „Theodizee" und „Eschatologie" innehaben, stößt man auf der Suche nach ihrer angemessen Würdigung innerhalb der theologischen Weltkarte auf einen großen weißen Fleck. Die Welt der Tiere ist für die westliche, christliche Theologie „terra incognita".

Im schöpfungstheologischen Teil des Katholischen Erwachsenen-Katechismus z. B. werden die Tiere nur am Rande erwähnt; im Zusammenhang mit der „Gottebenbildlichkeit" des Menschen heißt es lediglich: „Die Sonderstellung des Menschen ergibt sich für die Bibel nicht aus dem Vergleich mit dem Unten, den Tieren, sondern mit dem Oben, aus dem Vergleich mit Gott." (KEK, S. 116f.)

Im zweiten Band kommen sie immerhin im ethischen Zusammenhang vor, unter den Stichworten Tierexperimente und Tierschutz.

Für die theologische Anthropologie gilt, wie Heike Baranske postuliert, dass sich ihrer ein „Exklusivitätspathos und Heilsegoismus“ bemächtigt hätten – dies habe zugleich zur „Aushungerung“ der Schöpfungstheologie geführt.

Eine Ausnahme bildet Karl Barth, der schon 1959 im Anschluss an Schweitzers Verantwortungsethik die Ehre der nichtmenschlichen Kreatur hellsichtig so gekennzeichnet hat: „Ihre Ehre ist die Verborgenheit ihres Seins mit Gott nicht weniger als unsere Ehre das Offenbarsein ist. Denn was wissen wir schließlich, welches die größere Ehre ist? Was wissen wir, ob es sich wirklich so verhält, dass der äußere Kreis der anderen Geschöpfe nur um des inneren, nur um des Menschen willen da ist? Was wissen wir, ob es sich nicht gerade umgekehrt verhält? Was wissen wir, ob nicht beide Kreise, der äußere und der innere, je ihre eigene Selbständigkeit und Würde, je ihre besondere Art des Seins mit Gott haben? Was besagt ihre Verschiedenheit gegenüber der Tatsache, dass der Mensch Jesus als geschöpfliches Wesen beider Kreise Mittelpunkt ist?“ (Kirchliche Dogmatik III / 2, S. 165)

Dass das Tier nicht nur um des Menschen willen da ist und die Frage der Ethik berührt, sondern ihm, traut man seiner biblischen Verortung, ein eigenes theologisches Schwergewicht zukommt, bringt der Begründer der dialektischen Theologie in das Wort von der „Verborgenheit ihres Seins mit Gott“.

Dieses Buch will dem in diesem Sinn geheimnisvollen Leben der Tiere nachgehen und ihren Platz innerhalb einer theologischen Anthropologie zu bestimmen versuchen. Im Anschluss an die Metaphorik der Ouvertüre wird im III. Kapitel der Versuch einer ideengeschichtlichen Rekonstruktion des Ausschlusses der Tiere aus Philosophie und Theologie unternommen .

Für den Naturphilosophen Klaus Michael Meyer-Abich hat das neuzeitliche Denken zur „unvernünftigen Rationalität" des Menschen geführt; das anthropozentrische Kreisen um sich selbst hat den Homo sapiens zu einem „Homo interplanetaris praedator" – einem „interplanetarischen Eroberer" – werden lassen, der seine Herkunft vergessen hat.

Diese Vergessenheit beinhaltet die absolute Reduzierung allen übrigen tierlichen und auch pflanzlichen Lebens auf diesem Planeten zu Objekten menschlicher Verfügbarkeit. Nur eine Rückbesinnung auf den Ursprung und eine neu zu gewinnende Beheimatung im „Mit-Sein mit Anderen und Anderem" kann zu Auswegen aus der globalen ökologischen Krise führen.

Somit sind die Auftritte eines „totalitären Ego-Subjektes" zwar geschichtlich möglich und real, aber deswegen noch nicht die einzig mögliche Weise des menschlichen Selbstverständnisses.

Denn konstitutiv für den Menschen sind zugleich seine „vergessenen Träume", die ihn an die ehemalige Beheimatung erinnern. Hierhin gehören die biblisch überlieferten Träume.

Gewinnt der neuzeitliche Mensch eben dieses Selbstverständnis in der Ab-Wendung von der Natur, so versteht sich der biblische Mensch auch und gerade in der Hin-Wendung zur geschaffenen Wirklichkeit.

In Kapitel IV „Das Tier im Kontext der biblischen Anthropologie" soll aufgezeigt werden, welche Rolle den Tieren innerhalb dieses Entwurfes zukommt.

Nach jüdisch-christlicher Tradition wird das Wesen des Menschen zwar nicht in bezug auf das Tier bestimmt und hat sich Gott auch nicht wie z. B. in Ägypten in der Gestalt eines Tieres offenbart. Dennoch lassen sich innerhalb der biblischen Überlieferung zwei Stränge erkennen:

1. Mensch und Tier sind radikal aufeinander bezogene und voneinander abhängige Geschöpfe und somit Partner des einen göttlichen Bundes;
2. hat das Tier seinen eigenen Ort in der Schöpfung und

zudem ein Verhältnis zum Schöpfer, das die Signatur der Unmittelbarkeit trägt und sich dadurch vom Menschen wesentlich unterscheidet.

Im Anschluss erfolgt ein Perspektivwechsel: Vom biblischen Tierbild zu dem der modernen Naturwissenschaft:

Innerhalb der Biologie ist es vor allem die moderne Verhaltensbiologie, die sich ausführlich mit dem je Eigenen des Tieres und des Menschen und ihrer (biologischen) Differenz beschäftigt und somit den immer stärker eingeforderten Diskurs zwischen Bio- und Geisteswissenschaften führen kann. In ihrer aktuellen Ausprägung hat sie einerseits einen starken Bezug zu Ökologie und Evolutionsforschung, andererseits zur Neurobiologie, Endokrinologie (Lehre von den Hormonen) und Molekulargenetik.

Ihre Erkenntnisse haben in den letzten Jahren zu einem differenzierteren Tierbild geführt. Sie gesteht den höher entwickelten Tieren bezüglich kognitiver Fähigkeiten, emotionaler Reaktionen und Ansätzen einer Kulturfähigkeit eine wesentlich größere Ähnlichkeit mit dem Menschen zu als noch vor wenigen Jahren und befindet sich damit in überraschender Nähe zur biblischen Überzeugung.

Denn die Nachdenklichkeit in bezug auf den Wesensunterschied zwischen Mensch und Tier, die sich vor allem noch im Ersten Testament findet („Wer weiß, ob der Lebensgeist des Menschen emporsteigt, der Lebensgeist des Viehs aber hinabfährt zur Erde?" vgl. Koh 3,19–21) wird durch die Erkenntnisse der Verhaltensbiologie erneut geschärft.

In seinem *biologischen und somit ersten Schwerpunkt* wird das Buch in Kapitel V einen Überblick darüber verschaffen, welche Aussagen die Verhaltensbiologie (Ethologie) zum Denken, Fühlen und Handeln der Tiere macht. Damit liefert sie einen bisher nicht gesichteten Beitrag für die Bewusstseinsdebatte und rührt somit an die Grundfeste der Sonderstellung des Menschen.

„Das Tierbild innerhalb der Theologie des Nikolaus von

Kues“ ist das VI. Kapitel überschrieben, das somit den *zweiten, nämlich philosophisch-theologischen Schwerpunkt* einleitet.

Die Schöpfungslehre ist das immer wiederkehrende Thema in den Schriften des Cusaners, und sie entfaltet sich in zwei Grundgedanken:

1. Alle Dinge sind kraft Gottes Sicht, dass und was sie sind.
2. Gott verwirklicht sich selbst in der Schöpfung.

Ein stärkerer Kontrast als zwischen dem cusanischen: „Ego sum, quia tu me respicis“ („Ich bin, weil Gott mich anschaut“), das alle Geschöpfe mit einbezieht, und dem cartesischen Selbst-Bewusstsein: „Cogito, ergo sum“ („ich denke – ich bin“) ist kaum denkbar.

Der Cusaner versteht sich selbst als „Jäger der Weisheit“ und schließt mit seinen Funden unmittelbar an die biblischen Wurzeln an, worin Mensch und Tier ihre je eigene Wahrheit vor und von Gott haben.
Mit einem klaren Festhalten an ihrer wesentlichen Differenz einerseits und ihrer ebenso existentiellen Bezogenheit aufeinander andererseits befindet sich der Cusaner in überraschender Nähe zu den ethologischen Funden; ihre fruchtbare Allianz vermag dem „Irrtum über die Geschöpfe“, wonach der Mensch aufgrund seines Vernunftbesitzes gottähnlich, die Tiere aber den Dingen zugeordnet werden, weil sie keine Einsicht in die Gesetzte des Universums haben, überzeugend zu begegnen.

Als die Geschöpfe, die das Paradies nie haben verlassen müssen, verkörpern sie für den Menschen eine Existenzweise in der Unmittelbarkeit Gottes, die durch denkerische Leistungen weniger als durch ein schlichtes, waches und letztlich selbst-loses Leben im Hier und Jetzt erfahrbar werden kann.

In dieser Untersuchung der Bedeutung des Tieres für den Menschen geht es auch darum, auf „irrige“ und somit zu verändernde Haltungsbedingungen hinzuweisen, und dies im doppelten Sinn:

Es geht um Argumente, die für die tatsächliche Haltung der Tiere in menschlicher Obhut nicht irrelevant sind; zugleich geht es um die Begründung einer angemessenen Ein-Stellung ihnen gegenüber, die nicht nur der Würde des Menschen, sondern auch der ihren gerecht wird.

Nicht zuletzt möchte dieses Buch der Forderung Karl Rahners gerecht werden, wonach die Theologie immer der Spiritualität zu dienen hat.

Für die Schöpfung als Ganze und darin je anders für Mensch und Tier gilt: „Wir erklingen als die Symphonie, die Gott heißt. Theologie unterhält sich über die Partitur, über Noten, Pausen, Kontrapunkt und Instrumente. Uns als Klang dieser Symphonie zu erfahren, das ist das Ziel der Mystik.“ (Jäger, Das Sakrament des Augenblicks, S. 43)

II. Paradiesische Ouvertüre

1. *Eine Existenz im Garten Eden*

Es ist lohnend, diesem Bild einmal nachzugehen:

In der Bibel ist das Paradies eine Seinsweise, die sich der unmittelbaren Gemeinschaft mit Gott verdankt – die anfängliche und somit ursprüngliche Verbundenheit alles Lebendigen mit seinem Schöpfer. Und genau darin ist der Mensch heil und ganz. Er ist nur insofern „Herr“ über die Dinge als er gehorsam gegenüber seinem Gott ist.

Im Sündenfall geht es nicht etwa um die Wahl zwischen einem romantischen Zustand der Unschuld und des Glücks, der eine Unmündigkeit impliziert, auf der einen Seite – und einer erkennenden Mündigkeit, die teuer durch Leid und Schuld bezahlt werden muss, auf der anderen Seite.

Worum die Entscheidung ging, war, ob der menschliche Weg der Reifung und des „Erwachsenwerdens“ im Gehorsam gegenüber Gott geschehen würde oder in der Auflehnung, die „sein will wie Gott“.

Somit ist nicht das Erkennen selbst – und ebenso wenig die Vereinigung der Geschlechter – sondern dass dies in der Abwendung von Gott geschah, die Sünde.

Über das Schicksal der Tiere nach dem Sündenfall schweigt die Bibel. Da sie aber nicht von ihrem Sündenfall spricht, ist der Gedanke, dass sie immer noch „dort“ sind, nicht abwegig.

2. *Von der „Gottunmittelbarkeit" der Tiere*

Laut Auskunft des heiligen Thomas von Aquin ist auch den Tieren ein Streben nach der göttlichen Ordnung zu eigen. In seiner Lehre vom Gebet kommt er auf unsere Mitgeschöpfe zu sprechen und führt in seinem Kommentar zu Psalm 147,9 („Er gibt dem Vieh seine Nahrung, gibt den jungen Raben, wonach sie schreien.") aus:

Das Beten – also das ausdrückliche und oft mühsame Suchen nach Gott – kommt weder den göttlichen Personen zu noch den Tieren, nur allein den vernünftigen Geschöpfen. Die Schrift redet im Psalm bildlich vom Schreien der Tiere zu Gott, die im Gegensatz zum Menschen unmittelbar vom Schöpfer bewegt werden; denn in seiner Freiheit kann sich nur der Mensch von Gott abwenden, die Tiere (und Pflanzen) hingegen nicht.

Sowohl die Paradiesesmetapher als auch die sie aufhellende Zuschreibung der Gottunmittelbarkeit der Tiere legen eine weithin unbekannte Sicht auf unsere Mitgeschöpfe nahe, die im Folgenden skizziert werden soll – allerdings nicht ohne diese Vorbemerkung:

Auch wenn das Leben im Paradies idyllisch anmutet und diese Existenzform im Blick auf die Tiere aufzuleuchten vermag, mag es in Anbetracht des täglichen Kampfes um das Überleben zynisch klingen. Tatsächlich sind die für uns Menschen kaum fassbaren, unüberschaubaren Weisen der tierlichen Wahrnehmung Anpassungsweisen im Überlebenskampf. Das Leben der Tiere ist daher alles andere als paradiesisch; in ihrer Existenz verdichtet sich vielmehr das, was auf die Formel gebracht werden kann: „Die Natur ist so wenig idyllisch wie Gott lieb ist."

Wenn im Herbst die Eichhörnchen damit beginnen, Vorräte anzulegen und z. B. Eicheln im Wald zu vergraben, haben sie dann eine Vorstellung vom kommenden Winter? Höchstwahrscheinlich nicht; die verkürzte Länge des Tageslichts und die sinkenden Temperaturen veranlassen sie zu solch einem scheinbar vorausplanendem Tun.

Eine „mentale Zeitreise“ ist nach aktuellen Forschungsergebnissen neben einigen Menschenaffen und Rabenvögeln nur dem Menschen möglich; und er ist wohl der einzige Primat, der diese Zeitreise über seinen Tod hinaus antritt. Die Frage nach dem „danach“ stellt er sich allein.

Somit kann das bewusste Leben in und mit der Zeit als Startschuss allen Kulturschaffens angesehen werden, auch als der Beginn der Philosophie und Theologie.

Aber: wer kennt das nicht – die Sehnsucht nach einem Leben im Augenblick? Einmal nicht am gestrigen Ärger hängen bleiben und nicht fixiert sein auf den morgigen wichtigen Termin, sondern gelassen im Hier und Jetzt sein! „So lebt das Tier unhistorisch“, fasst Nietzsche zusammen und er lädt ein: „Betrachte die Herde, die an dir vorüberweidet: sie weiß nicht, was Gestern, was Heute ist, springt umher, frisst, ruht, verdaut, springt wieder, und so vom Morgen bis zur Nacht und von Tage zu Tage, kurz angebunden mit ihrer Lust und Unlust, nämlich an den Pflock des Augenblicks, und deshalb weder schwermütig noch überdrüssig.“ (Nietzsche, S. 97 f.)

Hingegen erinnert die Fähigkeit, im Augenblick zu leben, auch den großen Skeptiker Nietzsche an den Garten Eden: „Deshalb ergreift es ihn (den Menschen), als ob er eines verlorenen Paradieses gedächte, die weidende Herde oder in vertrauter Nähe das Kind zu sehen, das noch nichts Vergangenes zu verleugnen hat und zwischen den Zäunen der Vergangenheit und der Zukunft in überseliger Blindheit spielt.“ (Ebd.)

2.2 Leben in der Wahrnehmung

Hape Kerkeling, der bekannte Komiker und Entertainer, erzählt in seinem Buch „Ich bin dann mal weg" nicht nur vom Kampf gegen schmerzende Knie und um einen guten Schlafplatz, sondern auch vom Ringen mit dem Denken. Er ist auf dem Weg nach Santiago de Compostella und sucht sich selbst und damit auch Gott. Dabei folgt er dem Rat einer Freundin, die sagt, er solle den Körper einmal ohne Denken und Sprechen vorantreiben. Er schreibt:

„Alles wird eins: mein Atem, meine Schritte, der Wind, der Vogelgesang, das Wogen der Kornfelder und das kühle Gefühl auf der Haut. Ich gehe in Stille. Drücke ich während des Wanderns mit meinen Füßen auf den Weg oder drückt der Weg auf meine Füße? Ohne meine Gedanken bin ich ohne Ausdruck und die Landschaft, die Geräusche und der Wind beeindrucken mich nicht. Auch Hässlichkeiten wie eine tote Katze auf dem Weg oder Schönheiten wie die schneebedeckten Gipfel des kantabrischen Gebirges hinterlassen keinen Eindruck. Diese totale Abwesenheit von Druck ist ein barmherziger Zustand. Er bringt keinen Spaß, aber auch kein Leid mit sich." (S. 237)

Um das schlichte In-der-Gegenwart-Sein geht es allen Meditationsübungen, nicht etwa um ekstatische Weltfluchten. In-der-Wahrnehmung-Sein!

Innerhalb des Dreischrittes Wahrnehmen – Denken – Handeln, die jedem Tun zugrunde liegt, kam es im Verlauf der Stammesgeschichte gewissermaßen zu einer Akzentverschiebung: Es ist das aufdämmernde Bewusstsein, in dem mehr und mehr denkerische Leistungen wie Abstraktion und Systematisierung das Leben des Menschen bestimmten.

Es besteht kein Zweifel, dass das hoch entwickelte Denkvermögen für den evolutiven Erfolg des Homo sapiens maßgeblich verantwortlich ist, es aber zugleich auch ein Hindernis darstellen kann – nämlich dann, wenn es um die unmittelbare Wahrnehmung der Wirklichkeit geht. Während wir Menschen nur zu oft von unserem Intellekt und unseren Vor-Stellungen her die Welt deuten, zeichnet das Leben der Tiere das permanente Rückkehren in die Wahrnehmung aus.

Die im Lauf der Evolution immer intensiver gewordene Fähigkeit zur Systematisierung, Kategorisierung und das menschliche Abstraktionsvermögen bringen im Umgang miteinander und in der Gestaltung des Lebens nicht nur Vorteile. Diese Sonderheiten des Menschen bringen die Gefahr mit sich, sich von der unmittelbaren Lebenswelt, den Mitgeschöpfen und letztlich sich selbst zu entfremden.

2.3 Beheimatet-Sein

Es scheint geradezu typisch für den Menschen zu sein, nach sich selbst zu fragen – sich selbst zur Frage zur werden. Unmittelbar mit dem Besitz des (Selbst-)Bewusstseins ist die Distanzierung zur Lebenswelt verbunden und in der weiteren Folge der mögliche Verlust von Sinn: Wer bin ich? Woher komme ich? Wohin gehe ich?, lauten die klassischen Fragen; diese sind – vermutlich – allein dem Menschen vorbehalten.

Schon den biblischen Menschen erinnern hingegen die Tiere an das „alte Gefühl", zu wissen, wohin man gehört:

„Der Ochse kennt seinen Besitzer und der Esel die Krippe seines Herrn; Israel aber hat keine Erkenntnis" (Jes 1,3). Eingebunden zu sein in einen größeren Sinnzusammenhang und von der „Erkenntnis" erfüllt zu sein, den eigenen Ort bei Gott und somit in der Welt zu haben, gehört in den Grundbestand der Sehnsüchte des Menschen.

Schon Jesaja sah die Erfüllung dieser Sehnsucht in Ochs und Esel verkörpert; spätere Künstler setzten jene beide an die Weihnachtskrippe, wohl wissend, dass ihnen ein unverzichtbarer Platz innerhalb des Mysteriums von der Menschwerdung Gottes zukommt.

Vor diesem Hintergrund macht die kleine, fast beiläufige Notiz in Mk 1,12–13, die den Auftakt des Wirkens Jesu beschreibt, vielleicht hellhörig: „Danach trieb der Geist Jesus in die Wüste. Dort blieb Jesus vierzig Tage lang und wurde vom Satan in Versuchung geführt. Er lebte bei den wilden Tieren, und die Engel dienten ihm." Der neue Adam zwischen Tier und Engel; der Messias als Friedensbringer für die gesamte Schöpfung; der ganze Mensch, versöhnt mit seiner tierlichen Seite und beflügelt von der Dynamik Gottes!

Alle nun folgenden Erzählungen können wir als Entfaltung dieser Vision lesen; diese münden folglich im Auftrag Jesu: „Geht hinaus in die ganze Welt und verkündet das Evangelium allen Geschöpfen!" (Mk 16,15).

III. Vom Homo sapiens sapiens zum „Homo interplanetaris praedator“

Im Jahr 1977 sandte die NASA mit dem Satelliten VOYAGER eine Bildplatte ins All, u. a. mit dem Ziel, möglichen außerirdischen Intelligenzen über die Lage der Erde im Sonnensystem und die Bewohner des blauen Planeten TERRA Auskunft zu erteilen.

Und so würde – am Tage X – der glückliche Finder / die glückliche Finderin (wenn diese Einteilung bei den Entdeckern noch irgendeine Bedeutung haben sollte) zu allererst die Abbildung eines Mannes und einer Frau zu Gesicht bekommen. Tatsächlich wird der Mensch als einziger ernst zu nehmender Gesprächspartner dieses Planeten auf dieser Informations-Arche abgebildet, wohingegen alle pflanzlichen und tierlichen Mitbewohner als Kulisse vorgestellt werden.

Das zeugt nicht nur von krasser Ignoranz; denn nach Schätzungen, die sich auf die bisher beschriebene Fauna und Flora sowie auf viele Diskussionen mit Spezialisten stützt, liegt deren absolute Artenzahl irgendwo zwischen fünf und 30 Millionen !

Dass der heutige Rückgang der Artenvielfalt sich unweigerlich dem Ausmaß des Artensterbens während der großen Naturkatastrophen anzunähern scheint – sich also, anders ausgedrückt, zum größten Einschnitt für das Leben auf der Erde seit 65 Millionen Jahren zu entwickeln droht, wird nicht erwähnt – geschweige denn mit einer kritischen Analyse der von Menschen gemachten Ursachen verbunden.

Diese „Vergesslichkeit“ ist alles andere als typisch für den Menschen: „Die Verhältnisse haben sich umgekehrt: Am Anfang war das Tier – am Ende steht der Mensch“, konstatiert der Kunstgeschichtler und Philosoph Walter Grasskamp. Wenn er vom Anfang redet, meint er die ersten ausdrücklichen Selbstdarstellungen des Menschen, die in verschiedenen Höhlenmalereien ihren Ausdruck gefunden haben. Dabei stützt er sich auf die Arbeiten von André Leroi-Gourhan, der nach Durchsicht der ältesten Zeichnungen in 66 Bilderhöhlen zu dem Ergebnis gelangt, dass Tierdarstellungen 62 % der Darstellungen ausmachen, nichtfigürliche Zeichen 34 %, Abbildungen des Menschen aber nur vier.

Es ist erstaunlich, mit welcher Feinheit und Sensibilität, mit welcher Sicherheit und welchem Schwung der Bildner das Eigentümliche des Pferdes erfasst: eine Paarung von Kraft und Anmut, von Masse und Beweglichkeit, von Wachheit und Ruhe. Ebenso das Mammut, ganz in seine dumpfe Kraft gehüllt; Ausdruck von Macht und Blindheit, Größe, Ruhe, Selbstgenügsamkeit.

Das abgebildete Tier diente offensichtlich der Selbst-Entdeckung des Menschen. Gehört die natürliche Mitwelt und darin wesentlich die Tiere in das komplexe Geschehen der „Menschwerdung“, markiert das Bemühen, im unendlichen Weltall nach Seinesgleichen Ausschau zu halten und dabei die natürliche Mitwelt zur Ressource zu degradieren, eine konträre Einstellung. Es passt zum Gehabe jener Industriegesellschaften, die sich ein Verhalten angeeignet haben, das an „Horden interplanetarischer Eroberer, die eigentlich gar nicht hierher gehören“, erinnert.

In dieses Bild des Menschen fasst der Naturphilosoph Klaus-Michael Meyer-Abich seine Diagnose des neuzeitlichen Menschen, der möglicherweise nicht nur vergesslich ist, sondern in seinem Denken und Handeln einem fatalen Irrtum darüber, wie diese Welt und darin der Mensch gemeint ist, aufgesessen ist.

In seinem Kulturbegriff ist der Verantwortungsgedanke zentral. Die natürliche Mit-Welt, die Nach-Welt und die „Dritte Welt“ sind den Industrienationen fast vollständig aus dem Blick geraten. Dass diese Gesellschaften in die – nicht nur ökologische – Krise geraten sind, hat seinen Grund in der Entgegen-Setzung von Natur und Kultur.

Aber dies war nicht immer so: Mythologische und religiöse Leitbilder, als ursprüngliche Erinnerungen der Menschheit, sprechen eine andere Sprache und verorten den Menschen inmitten der Natur. Dazu zählt auch die biblische Paradiesesgeschichte, die allerdings nicht unbedingt als Vertreibungs-, sondern auch als eine Aufbruchsgeschichte zu lesen ist: Im Paradies ist zwar für alles gesorgt – so der erste Akt – aber Menschen wollen ihrer Natur nach auch selbst für etwas sorgen. Damit beginnt der zweite Akt. Wenn Kinder herangewachsen sind, ist dies ein Grund, das Elternhaus zu verlassen und einen eigenen Hausstand zu gründen. So begründet die Geschichte von Adam und Eva, der Schlange und dem Baum, dass eine erwachsen werdende Menschheit in der Natur nicht nur wie in einem Paradies beheimatet sein, sondern ihren Platz selber finden wollte.

1. Der „Sündenfall“ als Emanzipationsprozess

Friedrich Schiller hat zur Bestimmung des Menschen nach dem Sündenfall ausgeführt, dass der Mensch den Stand der Unschuld, den er jetzt verlor, wieder aufsuchen solle, und zwar durch seine Vernunft. Dabei soll er als ein freier und vernünftiger Geist dahin zurückkommen, wovon er als Pflanze und als „Kreatur des Instinkts“ ausgegangen war. Für Schiller ist dieser Abfall des Menschen vom Instinkt die glücklichste und größte Begebenheit in der Menschengeschichte; denn von diesem Augenblick her schreibt sich seine Freiheit.

Markiert er damit den Weg des Menschen als einen von der Natur abgewandten? Er äußert sich dazu nicht, aber ein tieferer Blick in die Sündenfallgeschichte der Bibel lässt den Gedanken zu: Die natürliche Mitwelt kann und sollte in diesen freiheitsgeschichtlichen Prozess miteinbezogen werden.

Wenn nämlich die Menschen Söhne und Töchter der Erde sind, die Stimme der Natur ihnen durch die Schlange, das klügste Tier (vgl. Gen 3,1), und die eigene Geschlechtlichkeit den Anstoß zum Aufbruch aus dem Paradies vermittelten und zudem ein Baum ihnen Kraft und Nahrung gab, sich aufzurichten, so handelt der Mythos eigentlich davon, dass menschliches Denken und Erkennen ursprünglich ein Prozess innerhalb der Natur ist – und zwar aus dem Wachsein den Tieren, Pflanzen und den Elementen gegenüber.

Dabei geht es nicht darum, „die Natur" normativ zu verstehen, sondern darum, sie in die Erwägungen um eine menschliche Kultur miteinbeziehen zu müssen, will der Mensch – und da klingt die nicht auflösbare und wesentliche Paradoxie an – menschlich, erwachsen und verantwortlich leben.

Von Natur aus ist der Mensch folglich in das Drama der Unterscheidung von Gut und Böse gestellt – der Sündenfall somit nicht selber eine Sünde, sondern der Übergang in eine Lebensweise, in der es Sünde gibt.

Die heutigen Industriegesellschaften tragen deutlich eine solche Signatur, bringen sie doch mittlerweile viel mehr Zerstörung als Kultur in die Welt! Wo liegen die Ursachen dieses Denkens und Handelns?

2. Das Zeitalter der Renaissance in seiner Ambivalenz

Für den mittelalterlichen Menschen war die klar hierarchisch geordnete Welt überschaubar und verschaffte Sicherheit auch in den schrecklichsten Krisen von Epidemien und Kriegen. Alles hatte einen Sinn, die Welt und jedes Lebewesen waren Symbol und am Ende wartete das Paradies, das für jede Qual Entschädigung brachte. Der Begriff „Paradiesische Geschlossenheit“, wenn wir ihn für das Mittelalter verwenden, ist somit nicht mit „Idylle“ zu verwechseln, sondern mit Klarheit und Plausibilität.

Das Zeitalter der Renaissance markiert den Aufbruch aus diesem Paradies. Die hier maßgebliche kopernikanische Wende meint nicht nur den Übergang vom geozentrischen zum heliozentrischen Planetensystem und die Entdeckung des Subjektes; im Verlust des alten Weltbildes stellt sich erneut die Frage nach dem Ort des Menschen innerhalb der Welt. Für Friedrich Nietzsche nimmt sich unser Dasein seither beliebiger, „eckensteherischer“ aus.

Seit Kopernikus scheint der Mensch auf eine schiefe Ebene geraten und rollt immer schneller aus dem Mittelpunkt weg – in ein „durchbohrendes Gefühl seines Nichts“. Das Selbstbild des Menschen hat sich in Folge dieser radikalen Erkenntnis grundlegend verändert.

Der Urheber des Gedankens, dass die Erde sich nicht im Mittelpunkt des Universums befinden kann, weil es keine Mitte hat, ist Nikolaus von Kues (1401–1464); ein Jahrhundert vor Kopernikus sprach er bereits von der Erde als ein „edler Stern“ unter anderen Sternen.

Dass sich die Frage, wer denn der Mensch sei und wohin er gehöre, neu stellte, haben andererseits die Maler der Renaissance wahrgenommen und auf ihre Weise beantwortet. Für all die „Großen“ ihrer Zeit, von Leonardo da Vinci (1452–1519), Raffael (1483–1520) und Tizian (1486/88–1576) bis hin zu Albrecht Dürer (1471–1528), war es ein Thema, wie die Menschheit neu aufbricht und *in* der Natur, nicht in der Abwendung von ihr, ihren Platz sucht.

Doch leider waren nicht die Künstler maßgeblich für die weitere Entwicklung, sondern die Naturwissenschaftler und Philosophen.

3. *Kepler und Newton*

Johannes Kepler (1571–1630) nennt sein erstes Buch „Das Weltgeheimnis“ (Mysterium Cosmographicum, 1596) und nimmt sich darin vor, „in diesem Büchlein zu beweisen, dass Gott der Allgütige und Allmächtige bei der Erschaffung unserer beweglichen Welt und bei der Anordnung der Himmelsbahnen jene fünf regelmäßigen Körper, die seit Pythagoras und Plato bis auf unsere Tage so hohen Ruhm gefunden haben, zu Grunde gelegt und ihrer Natur Zahl und Proportionen der Himmelsbahnen, sowie das Verhältnis der Bewegungen angepasst hat.“ (Das Weltgeheimnis, S. 19)

Und weiter: „Denn wir sehen hier, wie Gott gleich einem menschlichen Baumeister, der Ordnung und Regel gemäß, an die Grundlegung der Welt herangetreten ist und jegliches so ausgemessen hat, dass man meinen könnte, nicht die Kunst nehme sich die Natur zum Vorbild, sondern Gott selber habe bei der Schöpfung auf die Bauweise des kommenden Menschen geschaut.“ (Ebd., S. 6)

Für die Denk- und Vorgehensweise der aufkommenden Naturwissenschaft ist dies ein charakteristischer Gedanke: Die (physikalische) Binnenstruktur der Welt gilt es zu erkennen; gebaut aber ist unser Planet so, wie wir ihn konstruieren würden, und zwar vom „Allmächtigen und Allgütigen“, von dem es sich somit der Mensch abschauen könnte. So kann auch René Descartes später feststellen, dass die Regeln der Mechanik denen der Natur entsprechen.

Es wird deutlich, dass durch die Wahrheitssuche der modernen Naturwissenschaft die abendländische Menschheit sich auf den Weg der „göttlichen Einsichten“ in Menschengestalt begeben hat. Dies hätte immer noch ein „christlicher Weg“ werden können, wenn dabei nicht das Bild eines beziehungslosen, autonomen Gottes das Leitbild geworden wäre, das in irriger Weise dem biblischen entgegensteht.

Ein kurzer Blick auf Sir Isaac Newton (1643–1727) zeigt noch einmal die tatsächliche Ambivalenz der Renaissance; denn dieser erklärt noch voller Ehrfurcht und Selbstbeschränkung: „Ebenso wie der Blinde keine Idee von den Farben hat, haben wir auch durchaus keine Idee von der Weise, wie der weiseste Gott fühlt und alle Dinge erkennt.“ (Mathematische Prinzipien, S. 510)

Doch maßgeblich für das neue Menschen-, Natur- und Gottesbild wird diese Zurückhaltung nicht! Die Gottebenbildlichkeit des Menschen wird umgedeutet: die Attribute Gottes werden auf den Menschen übertragen und damit sein Tun legitimiert

Die Angleichung des modernen Menschen an das Gottesbild, das für die Verbindung von Allmacht und Allwissenheit im weltverändernden Willen steht, konnte weiter geschrieben werden: Die Geburtsstunde der Industrienationen und ihr naturvergessenes Gehabe!

4. Descartes und Leibniz

René Descartes (1596–1650) schloss zwar gerade aus der Verneinung unserer Göttlichkeit auf den göttlichen Grund unserer Vorstellungen und somit auf die Existenz Gottes. Willkommen war ihm dafür wohl der dazu notwendige methodische Zweifel: „Aber vielleicht bin ich (doch) etwas mehr, als ich selbst einsehe, und alle jene Vollkommenheiten, die ich Gott zuteile, sind in gewisser Weise der Möglichkeit nach in mir, wenn sie sich auch noch nicht hervortun und noch nicht zum Wirklichsein hingebracht werden; denn ich erfahre bereits, dass meine Erkenntnis allmählich wächst; und ich sehe weder was dagegenstände, dass sie so mehr und mehr wachse bis ins Unendliche, noch auch, warum ich nicht vermöge der so gewachsenen Erkenntnis alle übrigen Vollkommenheiten Gottes erreichen könne.“ (Meditationes, S. 81 f.)

Geradezu pflichtschuldig nimmt der Autor diesen Gedanken sofort wieder zurück: „Doch nein, es kann vielmehr nichts davon sein (…). Wenn ich dagegen von mir selbst existiere, (…) so wäre ich selbst Gott.“ (Ebd., S. 83 ff.) Die Spur ist somit gelegt: Ob der Mensch nicht doch die Vollkommenheit Gottes erreichen könne?

An anderer Stelle schreibt Descartes folglich, es sei „der aus diesen und jenen Rädern zusammengesetzten Uhr ebenso natürlich, die Stunden anzuzeigen, als es dem aus diesem und jenem Samen aufgewachsenen Baum natürlich ist, diese Früchte zu tragen.“ (Prinzipien, S. 246) Das Werk des Menschen steht dem Werk des Schöpfers nicht nach!

Erstaunlich ist die Klarheit, in der Descartes schon im Jahr 1644 die Ideale der modernen Industriegesellschaft als Eigenschafen Gottes, die der Mensch sich aneignen könne, zusammengefasst hat: Er spricht von der Unabhängigkeit, der Unbegrenztheit (bis über die Grenzen des Wachstums hinaus), von der höchsten Einsicht und höchsten Macht, von der alles in der Welt geschaffen ist, seien es Uhren oder Bäume. Die Allwissenheit in der Unabhängigkeit ist das bindungslose Wissen, durch das Menschen dem Gott ähnlich werden, der selber ohne Bindungen ist bzw. Bindungen immer nur selbst herstellt und sie eben nicht in Liebe sucht – das entspräche dem biblischen Gottesbild.

Für Gottfried Wilhelm Leibniz (1646–1716) ist der Mensch endlich zum „petit dieu“ avanciert! Gott ist für ihn die „Substanz, die den Grund ihres Daseins in sich selbst trägt.“ (Theodizee, S. 217) Die Menschen als „Abbilder der Gottheit oder des Urhebers der Natur selbst (sind) fähig, das System des Universums zu erkennen und etwas davon in Proben eigener Systembaukunst nachzubilden; denn jeder Geist ist in seinem Bereiche gleichsam eine kleine Gottheit.“ (Vernunftprinzipien, S. 60)

5. *Probleme mit der Seele des Tieres*

Die Lehren Descartes bedeuten auch für das Mensch / Tier-Verhältnis eine entscheidende Wende. Mehrfach befasst er sich mit dem Problem der Tierseele. Seine Lehren weisen manche Wandlungen auf, was auf eine gewisse Unruhe dem eigenen System gegenüber schließen lässt.

Wirkmächtig wurden allerdings nicht die feinen Zweifel und Unklarheiten innerhalb seiner Lehre, sondern die von seinen Nachfolgern vergröberte Version seines Systems. Darin wird der Leib des Tieres als Automat beschrieben, eine Maschine allerdings, „die aus den Händen Gottes“ komme und „daher unvergleichlich besser konstruiert“ sei „und weit wunderbarere Getriebe in sich“ berge „als jede Maschine, die der Mensch erfinden“ könne. „Wenn es Maschinen mit den Organen und der Gestalt eines Affen oder eines anderen vernunftlosen Tieres gäbe, so hätten wir gar kein Mittel, das uns nur den geringsten Unterschied erkennen ließe zwischen dem Mechanismus dieser Maschinen und dem Lebensprinzip der Tiere.“

Ausschließlich der Mensch versteht es, mit Vernunft und Sprache auf jede Situation angemessen zu reagieren. Tiere wie Papageien besäßen durchaus Sprachorgane, aber sie redeten, auch wenn sie menschliche Worte nachahmten, eigentlich nicht, weil sie nicht „zu erkennen geben“ könnten, „dass sie denken, was sie sagen“. „Dies zeigt nicht bloß, dass Tiere weniger Verstand haben als Menschen, sondern vielmehr, dass sie gar keinen haben.“

Der Mensch allein sei im Unterschied zum Tier mit einer immateriellen, vernünftigen Seele ausgestattet, die „ihrer Natur nach vollkommen unabhängig vom Leibe“ existiere und folglich unsterblich sei.

Diese radikale Leugnung der Tierseele durchschnitt den früher noch angenommenen engen Verbund zwischen Mensch und Tier gänzlich. Und diese Argumentationsfigur findet sich bis heute, selbst in aktuellen amtlichen Verlautbarung des kirchlichen Lehramtes, auch wenn nicht in Bezugnahme auf das Mensch / Tier-Verhältnis:

1996 richtet der Papst eine Botschaft an die Vollversammlung der Päpstlichen Akademie der Wissenschaften, in der er feststellt, dass die Evolutionstheorie „mehr als eine Hypothese“ sei. Dann aber sagt er: „Eben weil sie eine Geistseele hat, besitzt die gesamte menschliche Person einschließlich des Körpers eine solche Würde.

Pius XII. hat diesen wesentlichen Punkt betont: Der menschliche Körper hat seinen Ursprung in der belebten Materie, die vor ihm existiert. Die Geistseele hingegen ist unmittelbar von Gott geschaffen: ‚animas enim a Deo immediate creari catholica fides nos retinere iubet.‘ (Enzyklika Humani generis, AAS 42 / 1950, S. 575).“

Dass Darwin durch die Kirche rehabilitiert worden sei, liegt als Kommentar zur Botschaft des Papstes nahe; „Bestätigung Descartes‘“ wäre eine angemessenere Überschrift, denn sein Dualismus erhält hier seine lehramtliche Festlegung.

Ein Blick in die evolutionsbiologisch gesicherten Fakten zur Menschwerdung wirft überdies weitere Fragen an das Lehramt auf, die seine Äußerungen höchst fragwürdig erscheinen lassen:

Welchen Menschen soll Gott denn mit der Geistseele ausgestattet haben – schon den Australopithecus afarensis oder erst den Homo erectus? Und hat „Er“ sie dem Homo sapiens neanderthalensis wieder entzogen, nachdem er im Kampf mit Homo sapiens sapiens untergegangen war?

Wenn Descartes alle Ideen und Vorstellungen, die man bei Tieren beobachten konnte, in Fortführung und Erweiterung Keplerscher Anschauungen ausschließlich mechanisch zu erklären versuchte, dann zeugt dies von einem neuen wissenschaftlichen Realismus, der sich scharf gegen die damals, besonders mit dem Neuplatonismus wieder hochkommenden Vorstellungen von einem völlig durchseelten Kosmos wandte. So hatte z. B. Michel de Montaigne (1533–1592) in einem Essay „Wider den menschlichen Dünkel gegenüber Tieren“ die angebliche Distanz zwischen Tier und Mensch stark relativiert. Er verweist auf die Ähnlichkeit, ja Gleichheit vieler Eigenschaften, rühmt die Verfassung des Bienenstaates, die Kunst des Nestbaus bei Schwalben, die ohne die Annahme planender Überlegungen nicht erklärbar sei.

Er behauptet sogar die Überlegenheit der Tiere, weil „ihre viehische Dummheit in allen Bedürfnissen und Bequemlichkeiten alles das übertrifft, was unser himmlischer Verstand vermag!“ Montaigne kritisiert die menschliche Überheblichkeit und fragt ironisch, bei wem denn der Fehler liege, wenn Mensch und Tier sich nicht verstünden, und weiter: „Wenn ich mit meiner Katze spiele, wer kann es entscheiden, ob sie sich mehr Zeitvertreib mit mir mache als ich mit ihr?“

Auch wenn Montaignes Gedanken wohl in den Bereich der Satire gehören, zeigen seine Schlussfolgerungen eine für seine Zeit ungewöhnliche Radikalität: „Wir müssen von gleichen Verrichtungen auf gleiche Fähigkeiten schließen und von ausnehmenden Verrichtungen auf ausnehmende Fähigkeiten, und folglich bekennen, dass ebendie Überlegung und ebendie Wege, welche wir gebrauchen, um etwas ins Werk zu stellen, auch die Tiere gebrauchen, und diese zuweilen besser.“

Bereits den Zeitgenossen wurde deutlich, dass Descartes’ Automatenlehre der christlichen Doktrin nicht hinderlich, sondern im Gegenteil „dem wahren Glauben sehr vorteilhaft“ war. Justus Christian Hennings sagt 1774, Descartes habe „die Thiere aus Furcht vor der Inquisition zu Automaten“ gemacht!

6. *„Kein Wunder, wenn unter diesen Umständen die Natur abstirbt, ...*

... ist sie doch gewissermaßen schon für die Menschen tot, die sie so ansehen und auf diese Weise mit ihr umgehen." So fasst Albert Stüttgen die Mentalität des neuzeitlichen Menschen zusammen. (Transzendenz erfahren, S. 131) Das Zeitalter der Renaissance ist die neue Epoche, die sich aus dem überkommenen Welt- und Menschenbild nur zu lösen vermochte wie ein ungestümer Jugendlicher aus der elterlichen Autorität. Und sie ist vor allem eines: Die verhängnisvolle Geschichte des Transzendenz-Verlustes!

Der mittelalterliche Mensch verstand sich noch gänzlich eingefügt in die Vorgegebenheiten einer unverfügbaren und umfassenden Ordnung. Wissenschaft und Gesellschaft waren vom Religiösen durchsetzt, das allerdings noch nicht den intimen Charakter eines subjektiven Gefühls hatte.

Am Anfang der Neuzeit versteht sich der Mensch schließlich als auf sich selbst gestellte Persönlichkeit und nicht mehr als verfügbares Glied einer Korporation. Doch dieser positive neue Ansatz ist nicht die einzige Konsequenz des geschichtlichen Vorgangs. Maßgeblich für den Weg des Menschen in sein „Interplanetariertum" ist auch, dass nun neben den eigenständigen Bereichen der Wissenschaft und Politik die Religion als bloßer Sonderbereich übrig blieb. Sie hatte ihre alles durchdringende Kraft verloren.

Selbstverständlich sprach die mittelalterliche Theologie im Rahmen ihrer Lehre von der „natürlichen Offenbarung" – in Gegenüberstellung zum Buch der Bibel – noch vom „Buch der Natur". Darin lag die Aufforderung, in der Natur zu lesen, ihre Erscheinungen wie Schriftzeichen und Worte zu deuten und in kritischer Auseinandersetzung mit dem „Natürlichen" das „Menschliche" zu finden und zu gestalten.

So lässt sich zusammenfassen: Eine ursprüngliche und als verbindlich anerkannte Erkenntnis, die alle Kräfte und Fähigkeiten des Menschen anspricht und daher auch alle Lebensbereiche durchdringen und gestalten kann, welche überdies die Generationen überdauerte, hat es bisher nur in der Form der Religion gegeben. Zwar ließ der Renaissance-Entwurf kurzzeitig die Theorie und Praxis umfassende Einheit eines neuen Welt- und Menschenbildes aufleuchten, in dem der Mensch die alles verbindende Mitte sein sollte. Aber die aus dieser Idee erwachsenen Denkansätze und schöpferischen Impulse vermochten nicht aus dieser neuen Lebensmitte weiter zu wachsen. So führte dann die im Namen der Befreiung und Entfaltung des Menschen betriebene Auflösung der noch in der Religion begründeten Synthese zu einer weitgehenden Verselbständigung aller Lebensbereiche.

Am Ende gilt dies dann auch für diejenigen, die aus der Transzendenzerfahrung und -begabung des Menschen entstanden sind und nur von dort her ihren Sinn beziehen: Religion, Philosophie und Kunst. „Auch hier wird das, was als ursprünglicher Erfahrungsgehalt ansprechen und beunruhigen konnte, entschärft, indem die auf tiefere Daseinsbereiche verweisenden Lebenszeugnisse zum Exempel einer beliebigen Theorie umgemünzt werden. Für solche Theoretiker im Bereich von Religion, Philosophie und Kunst spielt sich das eigene Leben außerhalb der von ihnen betriebenen Disziplinen ab und ist in der Regel ebenso banal und unverbindlich wie ihre Theorie.“ (Ebd., S. 30)

Und für die Natur – und die in ihr beheimateten Tiere – gilt in Folge das, was Stüttgen in Anlehnung an Guardini sagt: Die nur vordergründig vom Menschen beherrschte Natur entgleitet ihm wieder und es erwächst eine „Wildnis in einer zweiten Form“: „Es ist das sprachlose Chaos unserer Hinterlassenschaften, eine Trümmerlandschaft, die nur noch von dem spricht, was wir angerichtet haben, Symbol unserer Verfehlungen.“ (Ebd., 132 f.)

IV. Das Tier im Kontext der biblischen Anthropologie

1. Zum Erinnerungspotential biblischer Texte

In Klaus Michael Meyer-Abichs Diagnose macht den Menschen nicht nur seine verhängnisvolle Schöpfungsvergessenheit aus, zu ihm gehören auch seine fast in Vergessenheit geratenen Träume. In ihnen findet die ursprüngliche Beheimatung in der Natur ihren Ausdruck.

Hier haben die biblischen Texte mit ihrem Potential ihren Ort. Und dies in mehrfacher Hinsicht: Für Bibelwissenschaftler ist erstens das Thema Schöpfung nicht etwa nur das erste Thema des Ersten Testamentes, sondern zugleich der „Wahrnehmungshorizont des Folgenden". Das Schöpfungsthema ist also grundlegend für alles Weitere.

Für die ersten fünf Bücher der Bibel, den Pentateuch, gilt somit, dass die Schöpfungs- und Urgeschichte nicht etwa einen „Vorbau" darstellt; vielmehr sind diese fünf Bücher als Ganzes eine Urgeschichte: Sie stellen den Entwurf einer bedeutungsvollen, einer identitätsstiftenden und handlungsleitenden Vergangenheit für eine bestimmte Gruppe dar, die in der Begegnung mit diesem Text nicht in eine ferne Vergangenheit zurück-, sondern in die Gegenwart einer Beziehung hineinversetzt werden soll. Für viele Exegeten gilt dies über den Pentateuch hinaus für die Bibel insgesamt.

Somit gilt zweitens, dass die Heilige Schrift ganz im Dienst der „Verheutigung" der Gottesbotschaft steht. In diesem Kontext ist die Erinnerung das durchgängige Motiv jüdisch-christlicher Theologie.

Schließlich gilt – auch wenn es banal klingt, muss es ausgesprochen werden –, dass die Bibel für den Menschen, nicht etwa für die Tiere geschrieben ist und somit dessen Stellung als Geschöpf beleuchtet: Wer ist der Mensch vor Gott? Für die biblischen Autoren ist es selbstverständlich, die Mitgeschöpfe in diesen existentiellen Fragehorizont hineinzunehmen.

2. *Ansätze für eine biblische Zoologie*

Wer eine neuere „Theologie des Alten Testamentes" oder eine „Religionsgeschichte Israels" aufschlägt, um im Register das Stichwort „Tier" oder „Tierwelt" o.ä. zu suchen, wird dennoch enttäuscht. Ganz selten wird dem Tier, bzw. der Gott / Mensch-Tier-Beziehung ein eigener Abschnitt gewidmet.

Das Tier stellt ein theologisches Randthema dar und ist nur gelegentlich einer Erwähnung wert. Und das, obwohl es in der hebräischen Bibel genügend Stoff gibt: Es dürfte etwas überspitzt formuliert auf ihren rund 1000 Seiten kaum eine geben, auf der nicht in irgendeinem Zusammenhang Tiere erwähnt werden.

Das gilt auch in Bezug auf das Gott-Tier-Verhältnis, für das nicht nur Schöpfungstexte, sondern ebenso Texte über tiergestaltige Götterbilder (das „goldene Kalb" etwa) oder die zahlreichen Tiervergleiche und Metaphern ergiebig sind.

Diese „Abwesenheit des Tieres" wundert aus verschiedenen Gründen allerdings nicht: Zum einen spielt der sowohl die Philosophie und Theologie beherrschende Anthropozentrismus eine entscheidende Rolle; zum anderen hat selbst das größere Thema „Schöpfungstheologie" innerhalb der ersttestamentlichen Glaubenswelt im Grunde kein theologisches Eigengewicht.

Der bedeutende Exeget W. Zimmerli erklärt die Tatsache, dass in seinem „Grundriß der alttestamentlichen Theologie" das Thema „Schöpfung" erst im vierten Abschnitt zur Sprache kommt, damit, dass im Gesamt des Alten Testamentes die in der Mitte der Geschichte geschehene „Herausführung Israels aus Ägypten" – der Exodus – der primäre Orientierungspunkt ist. Die daraus resultierende Relativierung der biblischen Schöpfungstheologie führt letztlich zum Verlust der universalen Dimension der biblischen Botschaft.

Dies kann mit Recht als tragisch bezeichnet werden, zumal gerade die weisheitlichen Texte der Heiligen Schrift die Grundüberzeugung vermitteln, die G. von Rad klassisch formuliert: „Die Schöpfung hat nicht nur ein Sein, sie entlässt auch Wahrheit." D. h. die Welt als Schöpfung Gottes lädt geradezu dazu ein, diese Schöpfungsbotschaft als Lebensweise zu hören und anzunehmen.

Der biblische Mensch hatte keine Hemmungen, sich innerhalb dieses theologischen Rahmens auf die jeweils konkreten Repräsentanten dieser Weisheit einzulassen, nämlich die Tiere: „Denn ihre Welt ist ein herrlicher Kosmos von Gestalten, Gebärden, Lauten, Verhaltensweisen, Farben, Bildern und Geschichten, an dem der Mensch seit jeher auch zum Bewusstsein seiner selbst gekommen ist. Die großen Tiertexte der Bibel haben diesen Schatz sorgsam gehütet und um immer neue Varianten bereichert. In der Begegnung mit dem Tier erfuhr Israel das Rätsel des Lebens nicht nur in seiner schillernden Buntheit, sondern auch in seiner zwingenden Mächtigkeit. Dieser Faszination hat es sich beobachtend, erkennend und deutend ausgeliefert und davon auch sein theologisches Nachdenken inspirieren lassen.

Nach jüdisch-christlicher Überzeugung wird das Wesen des Menschen zwar nicht in Bezug auf das Tier bestimmt und hat sich Gott auch nicht wie in Ägypten in der Gestalt eines Tieres offenbart; dennoch kann der Mensch laut Auskunft der biblischen Überlieferungen im Blick auf seine Mitgeschöpfe zu einem profunderen – auch theologischen – Selbst-Verständnis finden.

Für O. Keel, dessen Verdienst es ist, die Bilderwelt des Ersten Testamentes u. a. vom Alten Ägypten und dessen Gottes- und Menschenbild her tiefer zu verstehen, ist „Numinosität“ ein Schlüsselbegriff. Dies ist ein moderner, ethymologisch der römischen Antike entliehener Begriff.

Das Wortfeld, das im Hebräischen dem gemeinten Phänomen am nächsten steht, ist mit der Wurzel *barak* (segnen, mit heilvoller Kraft begaben) verbunden. Während wir im so genannten Abendland aufgrund einer extrem wortzentrierten religiösen Tradition Segen und Segnen allzu rasch mit gesprochenen Worten verbinden und uns vor allem dafür interessieren, was beim Segnen genau passiert, gingen die Menschen im Alten Israel ganz selbstverständlich davon aus, dass Segen *(berakah)* in vielem Geschaffenen einfach ist und erfahren werden kann. Bei Jesaja wird ein Sprichwort überliefert: *Wie man sagt, wenn Saft in der Traube sich findet: Verdirb sie nicht, es ist ein Segen darin. (Jes 65,8).*

In deutlicher Abgrenzung zur Religion Ägyptens formuliert das jüdische Credo programmatisch, dass keine innerweltliche Größe verabsolutiert werden darf. Für Israel kommt eine Resakralisierung oder Divinisierung der Schöpfung im engeren Sinn nicht in Frage. Aber es geht auch nicht an, das Kind, in diesem Fall die Numinosität der Schöpfung, mit dem Bade auszukippen. Vielmehr ist es Zeit, der Schöpfung ihre Seele, ihre Würde zurückzugeben, sie aus ihrer Demütigung zu befreien, in die sie als gänzlich Gott-loses Gegenüber des Schöpfers, als reines Produkt eines überbetont souveränen und transzendenten Gottes und als Objekt menschlicher Wissenschaft und Ausbeutung geraten ist.

Laut Auskunft der aktuellen, für unsere Fragestellung relevanten exegetischen Literatur lassen sich innerhalb der biblischen Überlieferung zwei Stränge erkennen:

1. Mensch und Tier sind dezidiert aufeinander bezogene und voneinander abhängige Geschöpfe des einen Gottes und Teilhaber des einen Bundes.

2. Mensch und Tier haben darin einen je eigenen Wert und eine Beziehung zum Schöpfer und somit ihren je eigenen Ort im Gesamt der Schöpfung.

Wie in einem Brennglas erscheinen all diese Facetten des Gott-Mensch-Tier-Verhältnisses in einer biblischen Geschichte, die vielleicht die schönste Legende des Alten Testaments darstellt: In Num 22,21–34 wird Bileam, der Seher, von den Moabitern bestellt, um das Volk Israel zu verfluchen. Schließlich erhält er von Gott tatsächlich die Erlaubnis loszuziehen, aber nur um das zu sagen, was der Herr dann befehlen werde. Daraufhin sattelt er seine Eselin und zieht fort. Unterwegs tritt ihnen aber ein Bote Gottes mit gezücktem Schwert in den Weg. Es heißt weiter:

Die Eselin sah den Engel JHWHs, wie er auf dem Wege stand und sein Schwert gezückt in seiner Hand hatte. Da bog die Eselin vom Wege ab und ging auf dem Ackerfeld weiter. Bileam aber schlug die Eselin, um sie wieder auf den Weg zu bringen.

Darauf trat der Engel JHWHs auf den Pfad zwischen den Weinbergen mit einer Mauer auf der einen und einer Mauer auf der anderen Seite.

Die Eselin sah den Engel JHWHs und drückte sich an die Wand und drückte den Fuß Bileams an die Wand; da schlug er sie wiederum.

Darauf ging der Engel JHWHs noch einmal vorbei und trat an eine enge Stelle, wo es keine Ausweichmöglichkeit nach rechts und links gab.

Die Eselin sah den Engel JHWHs und legte sich hin unter Bileam. Da entbrannte der Zorn Bileams, und er schlug die Eselin mit der Rute.

Darauf öffnete JHWH den Mund der Eselin, und sie sagte zu Bileam: „Was habe ich dir angetan, dass du mich geschlagen hast, nun schon dreimal?“ Bileam sagte zu der Eselin: „Weil du deinen Mutwillen mit mir getrieben hast. Hätte ich nur ein Schwert in der Hand, ich hätte dich wahrlich schon getötet!“

Da sagte die Eselin zu Bileam: „Bin ich nicht deine Eselin, auf der du geritten bist, zeitlebens bis zum heutigen Tage? Habe ich wirklich die Gewohnheit gehabt, solches dir anzutun?" Er sagte: „Nein."

Da enthüllte JHWH die Augen Bileams, so dass er den Engel JHWHs sah, wie er auf dem Wege stand und sein Schwert gezückt in seiner Hand hatte. Und er beugte sich und fiel nieder auf sein Angesicht.

Der Engel JHWHs aber sagte zu ihm: „Warum hast du deine Eselin nun schon dreimal geschlagen? Ich selbst bin doch ausgezogen als Gegner ‚für dich', weil dein Weg in meinen Augen ‚übel' ist (…). Die Eselin aber hat mich gesehen und ist vor mir ausgewichen, nun schon dreimal. Wäre sie nicht ausgewichen vor mir, ich hätte wahrlich dich bereits getötet und sie am Leben gelassen!"

Da sagte Bileam zum Engel JHWHs: „Ich habe mich verfehlt darin, dass ich nicht erkannt habe, dass du selbst auf dem Wege mir entgegengestanden hast. Wenn nun also die Sache in deinen Augen übel ist, will ich wieder zurückkehren". (Übersetzung nach M. Noth)

Jenseits aller tiefenpsychologischen Analyse dieses Textes sagt er über das Mensch-Tier-Gott-Verhältnis das Folgende aus: Mensch und Tier sind als Weggefährten aufeinander angewiesen; der Mensch „auf dem Rücken der Tiere". Dieses Vertrauensverhältnis hätte dem Reiter nahe legen müssen, dass das Tier ihn auf irgendetwas aufmerksam machen will, was er nicht merkt. Der Eselin, die den Engel sofort erkennt, kommt somit ein wunderbares Wissen zu, das in eine Dimension reicht, die der menschlichen Vernunft, dem reinen Intellekt, nicht zugänglich ist. Der ersttestamentliche Mensch konnte das Tier problemlos als realen Träger göttlicher Willensäußerungen ansehen.

Nicht zuletzt klingt in der Frage „Warum schlägst du mich…?" die ethische Dimension des Themas an.

Am Ende mündet die Bileamgeschichte in den Orakelspruch des Propheten:

Ich sehe ihn, aber nicht jetzt, ich erblicke ihn, aber nicht in der Nähe: Ein Stern geht in Jakob auf, ein Zepter erhebt sich in Israel. (Num 24,17)

Es ist anzunehmen, dass Jesus, von dem das NT sagt, er sei die Erfüllung dieser Prophezeiung, die Bileamgeschichte gekannt hat, gehört sie doch in den Grundbestand des Pentateuch. Vor diesem Hintergrund erscheinen die verhältnismäßig langen Textpassagen in Mt 21,1–8 und Mk 11,1–7, in denen es um den „jungen Esel, auf dem noch nie ein Mensch geritten ist" geht, in einem besonderen Licht: Bei seinem Einzug in Jerusalem, der seine letzten Tage einleitet, vertraut er sich ganz diesem Tier an, wissend, dass es den Engel sehen würde, wenn er sich denn wieder in den Weg stellte.

Wie wir noch sehen werden, spielt die christologische Konzeption des Mk-Evangeliums bewusst an die Tier-Friedens-Vision des Jesaja an, sodass der Menschensohn auch gekommen ist, die ursprüngliche Ordnung innerhalb der Geschöpfe zu erneuern. Dem Bild des auf einem Esel reitenden Erlösers kommt somit eine hoch symbolische Bedeutung zu, die m. E. so in der Exegese noch nicht herausgearbeitet worden ist.

2.1 *„... und führte sie dem Menschen zu ..." (Gen 2,19)*

Im Gesamtzusammenhang des zweiten jahwistischen Schöpfungsberichts (Gen 2,4b–24) heißt es:

Dann sprach Gott, der Herr: Es ist nicht gut, dass der Mensch allein bleibt. Ich will ihm eine Hilfe machen, die ihm entspricht. Gott, der Herr, formte aus dem Ackerboden alle Tiere des Feldes und alle Vögel des Himmels und führte sie dem Menschen zu, um zu sehen, wie er sie benennen würde. (Gen 2,18.19)

Nach Henry hat der Akt der Namengebung weder einen rein formalen Charakter noch ist er im Sinn des Ergreifens einer Herrscherstellung zu verstehen. Indem der

Mensch die Tiere bei ihrem Namen ruft, erkennt er sie als ein vertrautes Gegenüber an. Diese programmatische Verhältnisbestimmung steht auf den ersten Blick im Widerspruch mit dem wohl bekannteren Wort des ersten priesterschriftlichen Schöpfungsberichtes:

Macht euch die Erde untertan, herrscht über die Tiere (...) (Gen 1,26–28)

Doch obwohl beide Texte aus historisch und theologiegeschichtlich unterschiedlichen Epochen stammen, sind in ihrer Bewertung des Mensch-Tier-Verhältnisses deutliche Übereinstimmungen auszumachen. Das herausragende Kennzeichen ist in beiden Fällen die in ihrer Lebendigkeit begründete wesenhafte Zusammengehörigkeit von Mensch und Tier. Dadurch heben sie sich fundamental von der übrigen Schöpfung ab, zu der nach ersttestamentlicher Vorstellung auch die Pflanzen gehören. Mensch und Tier kommt gleichermaßen das hebräische Attribut *naepaes* zu, welches nicht Geist und Denken meint, sondern Lebensfreude – als eine Macht gegen Tod und Todessehnsucht. Das Phänomen „Leben" wird biblisch nicht bloß als besondere biologische Eigenschaft, sondern von seinem göttlichen Ursprung her als wunderbare Gabe empfunden.

Es liegt nicht fern, Gen 2,19 als „impliziten Herrschaftsauftrag" in notwendiger Ergänzung zu Gen 1,26f als „explizitem Auftrag" zu verstehen: Das Sich-Vertrautmachen mit dem Tier wird als Voraussetzung für die angemesse menschliche Haltung den / dem Anderen gegenüber verstanden.

Bevor wir gleich noch intensiver auf Gen 1,26–28 zu sprechen kommen, seien noch andere Texte genannt, in deren Vordergrund die Verwandtschaft von Mensch und Tier stehen.

Gen 6,5 – 9,17 erzählt wie Mensch und Tier gemeinsam zu Grunde gehen, miteinander aus der Arche gerettet werden und beide (!) Bündnispartner Gottes werden. Die in der Schöpfungsgeschichte grundgelegte unzertrennliche

Gemeinschaft von Mensch und Tier vor Gott wird bundestheologisch ratifiziert:

Steht der Bogen in den Wolken, so werde ich auf ihn sehen und des ewigen Bundes gedenken zwischen Gott und allen lebenden Wesen, allen Wesen aus Fleisch auf der Erde. (Gen 9,16)

Dieser zentrale Gedanke der Gemeinschaft wird an verschiedenen Stellen „durchbuchstabiert"; so teilen laut Auskunft weisheitlicher Texte Mensch und Tier den Lebensgeist *(ruah)* und das Todesschicksal:

Denn das Geschick der Menschen ist gleich dem Geschick des Viehs; ein Geschick haben sie beide. Wer weiß, ob der Lebensgeist des Menschen emporsteigt, der Lebensgeist des Viehs aber hinabfährt zur Erde? (Koh 3,19–21; vgl. Ps 49,13.21)

Und am Schluss des Jonabuches begründet JHWH gegenüber dem durchaus frustrierten Propheten seinen Verzicht auf die Vernichtung Ninives:

Mir aber sollte es nicht leid sein um Ninive, die große Stadt, in der mehr als hundertzwanzigtausend Menschen leben, die nicht einmal rechts und links unterscheiden können – und außerdem soviel Vieh? (Jona 4,11)

Schließlich bringt die ersehnte Heilszeit beiden – Mensch und Tier – den Frieden:

Dann wohnt der Wolf beim Lamm, der Panther liegt beim Böcklein. Kalb und Löwe weiden zusammen, ein kleiner Knabe kann sie hüten …(Jes 11,6)

Ein Blick in das Neue Testament zeigt, dass Mk 1,13: „*Er lebte bei den wilden Tieren und die Engel dienten ihm*", bewusst auf diese bekannte Tier-Friedens-Vision des Protojesaja anspielt.

Jesus Christus erscheint im Neuen Testament als die Zusammenfassung und das Ziel aller Wirklichkeit. Daher empfängt die Welt und somit jedes Geschöpf von ihm her und auf ihn hin seinen eigentlichen Platz und seinen endgültigen Sinn. Die Bilder des Jesajabuches, die, wenn auch verhalten, noch in das älteste Evangelium hineinspielen, billigen selbstverständlich den Tieren ihren Platz innerhalb dieser Christologie zu.

Einige Exegeten weisen darauf hin, dass in der rabbinischen Tradition der Mensch in einer Zwischenstellung zwischen Tier und Engel angesiedelt ist – gehört doch das Thema „Menschwerdung“ in das Grundrepertoire (erz-)englischer Verkündigungen (vgl. Lk 1,26 ff). Die Positionierung des Menschen ergibt sich aus der in Gen 1,26 formulierten Gottebenbildlichkeit einerseits und der als nah erlebten Verwandtschaft zum Tier andererseits.

Das Buch Tobit bringt diesen Gedanken in das wunderbare Bild des Tobias, der sich zusammen mit dem Engel Raphael und seinem Hund (!) auf den Weg macht:

Gott, der im Himmel wohnt, wird euch auf eurer Reise behüten; sein Engel möge euch begleiten. Da brachen die beiden auf, und der Hund des jungen Tobias lief mit. (Tobit 5,17)

Nach biblischer und frühjüdischer Vorstellung war es Adam, der zu Beginn der Menschheitsgeschichte den Tierfrieden zerstörte. Nun stellt Jesus als der zweite Adam ihn wieder her. Und dies gleich zu Beginn seines Wirkens als Zeichen des Anbruchs der kommenden Gottesherrschaft!

Adam ist hierbei als gegensätzliche Gestalt zu Christus aufgefasst, was durch das 4. Esrabuch, einen außerbiblischen, um 100 n.Chr. entstandenen Text, bestätigt wird:

Als aber Adam meine Gebote übertrat, wurde das Geschaffene gerichtet: Da wurden die Zugänge dieser Welt eng,leidvoll und beschwerlich, wenig und böse, voll von Gefahren und mit großen Nöten behaftet. (4 Esr 7,11 f).“

In dieser Tradition, wonach Adams Schuld vor allem auch die Tiere betrifft und die Paulus in Röm 8,18–22 wieder aufnimmt, steht auch die sog. Moses-Apokalypse. Sie erzählt, wie auf dem Weg aus der irdischen Welt zurück ins Paradies Eva von einem wilden Tier angefallen wird. Sie klagt dieses Tier an, weil es gewagt hat, in ihrer Person das Abbild Gottes zu schädigen.

„Dann aber schrie das Tier, sagend: O Eva, nicht gegen uns

(richte) deine Anmaßung, und nicht das Wehklagen, sondern gegen dich. Da doch die Herrschaft der Tiere aus dir hervorgegangen ist.“ (Apk Mos XI,1)

Mensch und Tier sitzen nach biblischer Darstellung – so fasst Keel zusammen – immer wieder „im selben Boot“; ob Sintflut oder Dürre (vgl. Jer 14,5 f), es trifft sie beide, und das Ergehen der einen hat Auswirkungen auf das Ergehen der anderen. Somit ist die in Gen 1 und Psalm 8 programmatisch formulierte, Mensch und Tier unterscheidende Gottebenbildlichkeit von Mann und Frau rein theologisch aus einem Willensakt Gottes und eben nicht biologisch begründet.

Lebensgefühl und theologische Reflexion stehen in engem Zusammenhang, und das eine wird das andere bedingen. Es steht fest, dass die Israeliten und Israelitinnen sich den Tieren eindeutig näher fühlten als der neuzeitliche Mensch. Daraus folgert Otmar Keel, dass durch eine stärkere Berücksichtigung dieser nahen Verwandtschaft und Schicksalsgemeinschaft von Mensch und Tier die Erschütterungen, die die Evolutionstheorie Charles Darwins in der Theologie ausgelöst hat, möglicherweise etwas hätte „gedämpft“ werden können.

Nach diesen eher andeutungshaften Hinweisen auf die biblische Sicht des Mensch-Tier-Verhältnisses soll nun abschließend auf den so genannten Herrschaftsauftrag in Gen 1,26–28 eingegangen werden:

Seit L. Whites Aufsatz: Die historischen Ursachen unserer ökologischen Krise, wurde u. a. von C. Amery und E. Drewermann behauptet, die ausbeuterische Grundeinstellung zur Natur sei wesentlich durch den biblischen Schöpfungsglauben mit seiner angeblich anthropozentrischen Weltsicht verursacht. Dazu wird Gen 1,26–28 angeführt.

Neuere Untersuchungen zeigen, dass damit die historischen Sachverhalte verzeichnet werden. Drei kurze Hinweise lassen sich formulieren:

1. Das neuzeitliche und einseitig instrumentelle Naturverhältnis hat sich nur im Kontext des westlichen Christentums entwickelt, nicht etwa im östlichen Christentum von Äthiopien über Syrien und Armenien bis später Russland. Schon deshalb scheidet die Möglichkeit eines einfachen Kausalzusammenhangs von Christentum und Naturausbeutung aus.
2. Gen 1,26–28 kann nicht als Freibrief zu willkürlicher Verfügung über die Natur verstanden werden, sondern als Einweisung in eine umfassende Verantwortung auf der Erde. Eine Fülle altorientalischer Rollsiegel bestätigen, dass die Verben „untertan machen" (*kabas*) und „herrschen" (*radah*) die Rolle des Menschen als Treuhänder Gottes, sorgsamer Gärtner und schützend-fürsorglicher Hirte definieren.
   Norbert Lohfink schlägt im Blick auf Textfunde in Ägypten, Mesopotamien und neue hebräische Texte vor, den Begriff der Ebenbildlichkeit durch den der Statue zu ersetzen. Eine solche hat die Funktion zu erinnern, zu evozieren. Für unser Thema bedeutet dies: Menschen und Tiere bewohnen ein einziges Haus, und der Mensch hat nur dies voraus, dass er für die Schöpfung insgesamt und die Tiere darin die Statue Gottes ist. Gottes Statue ist der Mensch nur insofern er Verantwortung übernimmt – seine Gottebenbildlichkeit ist somit Gabe und Aufgabe zugleich.
3. Erst zu Beginn des 17. Jahrhunderts wurde auch im westlichen Christentum der biblische Herrschaftsauftrag – gegen seinen Sinn – als Aufforderung zu selbstherrlicher Verfügungsgewalt über die Natur verstanden. Für Kessler u. a. stellt F. Bacon den Wortführer einer neuen mechanistischen Naturwissenschaft dar, der eben nicht mehr unterschied zwischen maßvoller Naturnutzung und Raubbau, der nachträglich eine biblische Rechtfertigung suchte, ohne selbst noch beheimatet zu sein im biblischen Schöpfungsdenken.

2.2 „Doch frag nur die Tiere, sie lehren es dich ...“ (Ijob 12,7)

Der biblische Mensch kam weder auf die Idee, das Tier zu vermenschlichen, noch es zur beweglichen Sache zu degradieren. Es war ein Wesen eigener Würde, eigenen Rechtes und eigener Gottesbeziehung. Einer agrarisch geprägten Kultur liegt ein sentimentales Verhältnis zu den Tieren ohnehin fern, da in ihr der Aspekt des Nutzens und – damit verbunden – des Respekts überwiegt.

Nicht erst Franz von Assisi hat entdeckt, dass die Tiere unsere Mitgeschöpfe sind und ein eigenes Lebensrecht haben. Es steht bereits im Sabbatgebot der beiden Dekaloge:

Gedenke des Sabbats: Halte ihn heilig! Sechs Tage darfst du schaffen und jede Arbeit tun. Der siebte Tag ist ein Ruhetag, dem Herrn, deinem Gott geweiht. An ihm darfst du keine Arbeit tun: Du, dein Sohn und deine Tochter, dein Sklave und deine Sklavin, dein Vieh und der Fremde, der in deinen Stadtbereichen Wohnrecht hat. (Ex 20,8–11 par. Dtn 5,12–15)

Der Gedanke der Tierruhe zieht eine Ausweitung der Bedeutung des Sabbats über den Bereich des nur Menschlichen hinaus nach sich. Jedenfalls wird an dieser Stelle – und das ist ja keine nebensächliche oder zufällige Stelle – der Mensch in einen direkten Bezug zu den Tieren und somit zur übrigen Schöpfung gebracht.

Auch nach weisheitlicher Maxime ist eine gerechte Gesellschaft diejenige, die nicht nur um die elementaren Bedürfnisse der Menschen, sondern auch um die ihrer Nutztiere weiß:

Der Gerechte kennt die Bedürfnisse seines Viehs, aber das Innere der Frevler ist grausam. (Spr 12,10)

Es sind oft die weisheitlichen Schriften der Bibel, die aus der Tierbeobachtung Rückschlüsse auf menschliches Verhalten ziehen. Für Riede ist eines der schönsten Beispiele:

Geh zur Ameise, du Fauler, sieh ihre Wege und werde weise. Die kein Oberhaupt hat, noch Amtmann oder Herrscher, sie bereitet im Sommer ihr Brot und sammelt ihre Speise in der Ernte. (Spr 6,6–8)

Man sollte sich hüten, so Riede zu diesem und anderen fast humorvollen Texten, sie als „Feld-, Wald- und Wiesentheologie" abzutun, weil hier nur die „lichten Seiten der Natur" zum Vorschein kämen. In all diesen Texten zeigt sich nämlich die enge Verbundenheit von Mensch und Tier, aber auch die gemeinsame Verpflichtung, die von Gott gesetzte Ordnung zu bewahren. Beide sind letztlich von Gottes Fürsorge abhängig (Ps 147,9; Lk 12,24). Beide sind davon abhängig, dass Gott sie ernährt und erhält, und beide haben letztlich auch eine eigene Gottesbeziehung.

Für Henry fungiert das Tier als „religiöses Leitbild": Im Gegensatz zum Menschen, der seinen Platz in der Schöpfung nicht (mehr) kennt oder kennen will, folge das Tier der ihm gegebenen Ordnung und weiß um seinen Ort:

Der Ochse kennt seinen Besitzer und der Esel die Krippe seines Herrn; Israel aber hat keine Erkenntnis, mein Volk hat keine Einsicht. (Jes 1,3)

Selbst der Storch am Himmel kennt seine Zeiten, Turteltaube, Schwalbe und Drossel beachten die Zeit ihrer Rückkehr, aber mein Volk kennt die Rechtsordnung des Herrn nicht. (Jer 8,7)

Seine Zuspitzung erfährt dieses Motiv im Buch Jiob, das wie kaum ein anderes biblisches Buch so starke Spuren in der Menschheitsliteratur hinterlassen hat. Es ist eine Auseinandersetzung mit dem Wechselspiel von Chaos und Kosmos in der Schöpfung. Auf der Erzählebene des Buches steht das existentielle Leid Ijobs im Mittelpunkt der Darstellung und die tröstende Antwort des Buches besteht darin, dass falsche Erklärungen und Instrumentalisierungen des Leids abgewiesen werden. Aber es darf nicht übersehen werden, dass das Buch am Paradigma Ijob, dessen Leben chaotisiert wird, zugleich das Problem der Chaotisierung der Schöpfung insgesamt reflektiert.

In den Gegenreden Ijobs, aus denen die Kapitelüberschrift entnommen ist, wird das Chaos in zweifacher Weise problematisiert: Es wird bestritten, dass die konkret wahrzunehmende Welt eine geordnete Welt sei; sie sei so sehr vom Chaos durchsetzt, dass es besser sei, wenn sie ganz ins Chaos zurückkehre.

Ausgehend von der theologischen These, alles gehe unmittelbar aus der Hand des allmächtigen Gottes hervor, wird alles Chaotische diesem Gott angelastet, den damit der Vorwurf trifft, er sei ein Verbrecher.

Beide Vorwürfe wurzeln in einem sehr statischen Welt-, Gottes- und Menschenbild, das die Verantwortlichkeiten klar aufteilen will und keinen Raum lassen kann für einen von Gott nicht im einzelnen fest geordneten Prozess von Chaotisierung und Strukturierung bzw. abermaligem Umschlagen in die Chaotisierung.

Während in der gesamten Ijob-Dichtung der Gottesname immer El (kanaanäischer Gottesname) oder Schaddai (der Allmächtige) heißt, antwortet *Jahwe* in den so genannten Gottesreden (Kap. 38 ff) – der Gott, den Israel solidarisch in der leidvollen Situation der Sklaverei in Ägypten und befreiend in der Herausführung im Exodus erfahren hat.

Dem Ijob antwortet nun der, der sich selbst in Ex 3,14 als „Ich bin der ‚ich-bin-da'" vorgestellt hat. Damit wird auch die Ebene angedeutet, in der Ijob und Jahwe einander begegnen können – nicht auf der Ebene des Rechtes, sondern in den Kategorien von Erfahrung und Einsicht.

Vielmehr wirbt das Ijob-Buch in seinen literarisch fiktiven Gottesreden um eine Spiritualität, in der es neben Gott und den Menschen noch Raum für eine eigenständige Natur und ihre Repräsentanten, die Tiere, gibt. Es mutet fast modern an, dass das Buch gegen einen zu engen, schematischen und insbesondere nur aus menschlichen Einsichten und Interessen erwachsenen Ordnungsbegriff protestiert.

So entfaltet die erste der beiden Gottesreden (38,1–39,30), dass die Welt ein dynamischer Lebensorganismus ist und nicht eine statische und sterile Aneinanderreihung von Elementen – Requisiten – , die nur dem Menschen zu dienen hätten. In ihrem zweiten Teil (38,39–39,30) beschreibt die Gottesrede unter Aufnahme des altorientalischen Motivs vom „Herrn der wilden Tiere" Gottes Zustimmung zu den vom Menschen als nutzloses oder aggressives Chaos beurteilten Bereichen der Wüste und des Urwaldes.

Mit dieser für den neuzeitlichen Menschen womöglich fremdartigen Bildkonstellation wirbt das Buch Ijob im 4. Jh. v. Chr. um eine Weltsicht, in der die vom Menschen nicht durchschauten, beherrschten und planbaren Bereiche ihren Platz haben müssen, soll die Schöpfung nicht zu einer Weltmaschine oder zu einer Gartenzwergidylle verkommen; in der Konsequenz dieses Ansatzes wäre ein Schöpfergott zu denken, der sich ganz auf den Prozess von Chaotisierung und Strukturierung des Chaos einlässt, ja, dass er diesen spannungsreichen Prozess geradezu selbst gespannt – wenn man so anthropomorph reden kann – miterlebt und miterleidet. Nikolaus von Kues wird später sagen, dass Gott sich in der Welt entfaltet.

Die in der Gottesrede verwendete Bildkonstellation verdankt sich übrigens einem altorientalischen-altägyptischen Hintergrund und verwendet u. a. folgende Tierbilder:

Erjagst du Beute für die Löwin, stillst du den Hunger der jungen Löwen…? Wer bereitet dem Raben seine Nahrung, wenn seine Jungen schreien zu Gott und umherirren ohne Futter? Kennst du der Steinböcke Wurfzeit, überwachst du das Werfen der Hirsche? (Ijob 38,39 f)

Insgesamt werden zehn Tiere (also die Zahl der Fülle) vorgestellt, sodass ein Bild wilder, ungeordneter und dennoch faszinierender Vitalität entsteht, von der der Schöpfergott behauptet, sie sei insgesamt in seiner Hand – aber eben mit jenen Freiräumen, die diese Tiere für ihre je spezifische Art zu leben bräuchten.

Für O. Keel ist das Schöpfungskonzept dieser weisheitlichen Schrift dezidiert nicht-anthropozentrisch, zumal im gesamten 38. Kapitel die Menschenschöpfung gar nicht erst erwähnt wird, und im 39. Kapitel Ijob lernen muss, dass die Schöpfungsordnung nicht allein auf menschliche Bedürfnisse hin zugeschnitten ist.

Diese Antwort auf die Sinnfrage eines Leidgeprüften mag auf den ersten Blick zynisch oder brutal erscheinen, sie ist es jedoch auf den zweiten Blick nicht; denn Leid macht Angst und verengt den Blick. Und aus dieser Enge will Gott selbst Ijob herausführen, indem er ihm die Weite der Schöpfung erklärt. Somit wird die Perspektive umgekehrt. Die Botschaft der Gottesreden ist eigentlich eine den Menschen entlastende, weil er nicht Dreh- und Angelpunkt der ganzen Welt zu sein braucht, und damit ist sie eine wirklich tröstliche Botschaft. Die Beobachtung der Sorge Gottes für die Schöpfung soll Ijob Mut und Zuversicht geben.

Für den biblischen Menschen scheint es kein Problem gewesen zu sein, dies ganz konkret im Blick auf seine Mitgeschöpfe und ihre unterschiedlichen Lebensweisen wahrzunehmen und von den Tieren zu lernen – eine Sichtweise übrigens, die, wie wir noch sehen werden, in den Bereich der Mystik führt.

Rabbinische Texte gehen sogar so weit zu sagen, dass es eigentlich der Gabe der Tora nicht bedurft hätte, um ein gerechtes Leben vor Gott zu führen. Dazu hätte man einfach nur der Tierwelt zusehen müssen.

In derselben Tradition israelitischer Weisheit hat Jesus von Nazaret von der Tierwelt, die nicht nach menschlichen Gesetzen funktioniert, nicht arbeitet, produziert und leistet, gesprochen, um seinen Jüngern und Jüngerinnen mehr Vertrauen in die Schöpfungsordnung und die Fürsorge Gottes zu schenken:

Blickt auf die Vögel des Himmels: Sie säen nicht, noch ernten sie, noch sammeln sie in Scheunen, und euer himmlischer Vater ernährt sie. Seid ihr nicht mehr wert als sie? Wer aber von euch, der sich sorgt, kann zu seinem Wuchs eine einzige Elle hinzufügen? Und bezüglich Kleidung, was sorgt ihr euch? Lernt von den Lilien des Feldes, wie sie wachsen! Sie mühen sich nicht, noch weben sie. Ich sage euch aber: Nicht einmal Salomo in all seiner Pracht hatte einen Umwurf wie eine von diesen … (Mt 6,26–29; par Lk 12,24–27). (Übersetzung O. Keel)

V. Das Tierbild der modernen Verhaltensbiologie

„Vom langen Schatten Descartes“ könnte der erste Untertitel dieses Kapitels und somit eines großen Abschnitts der Wissenschaftsgeschichte lauten. Wie wir gesehen haben, hat die radikale Leugnung der „Tierseele“ den über lange Zeit der Menschheitsgeschichte angenommenen engen Verbund zwischen Mensch und Tier durchschnitten. Mochte die physiologische Architektur des Menschen jener der Tiere gleichen; die ausschließlich dem Menschen eigene immaterielle und unsterbliche Seele, die in der Descartschen Gleichsetzung für das Denken verantwortlich ist, verschaffte ihm endlich eine exklusive und weit über das Tier hinausgehobene Existenz.

Moderne behavioristische Modelle, die das Verhalten von Tieren ausschließlich als einen Reiz-Reaktions-Mechanismus oder als biochemisch funktionierende Computer zu erklären versuchen, sind vom Descartschen Ansatz nicht weit entfernt, manche berufen sich sogar auf ihn als ihren Vorläufer.

Zu Descartes Zeit war die Wissenschaft jedoch noch nicht mit Menschenaffen und höheren Meeressäugern vertraut und hatte wenig Grund, an der Annahme zu zweifeln, dass Tiere nicht denken können. Und außerdem standen ihr noch nicht die fossilen Funde zur Verfügung, die eine Entwicklungslinie zeigen: von primitiven Vorfahren über höhere Primaten bis zum Homo sapiens.

Mit Charles Darwin (1809–1882) begann ein neues Kapitel innerhalb der Wissenschaftsgeschichte, und mit den Nobelpreisträgern Konrad Lorenz, Niko Tinbergen und Karl von Frisch wurde die Verhaltensbiologie eine eigene Disziplin.

„Zwischen Brehm und Behaviorismus“ könnte der zweite Untertitel lauten: Übertrug der gute alte Brehm hemmungslos das ganze Repertoire menschlicher Gefühlsregungen und Charaktereigenschaften auf die Tiere, leugnet Letzterer jedwede Verwandtschaft.

Auf einer entsprechenden Gratwanderung gelingt es Wissenschaftlerinnen und Wissenschaftlern inzwischen mehr und mehr, „the animal's point of view“ einzunehmen und so ein facettenreiches Bild der Tiere zu zeichnen, das ihrer je eigenen Natur gerecht zu werden versucht. Mit ihren Beiträgen nähern sie sich zudem (auch ausdrücklich) dem Phänomen „tierliches Bewusstsein“, was dazu führt, die Nähe und Distanz zwischen Mensch und Tier exakter auszuloten und zugleich Aufschlüsse über die Entstehung des Bewusstseins innerhalb der Evolution zuzulassen.

Im Blick auf die im Folgenden vorgestellten Ergebnisse wird deutlich, dass Bewusstsein eng mit der Aufrechterhaltung und Regulierung des Lebens verbunden ist. In vielen Theorien wird dieses Phänomen lediglich auf kognitive Prozesse zurückgeführt. Die Verhaltensbiologie ist aber durch ihre interdisziplinäre Ausrichtung in der Lage, die Zusammenhänge zwischen inneren Vorgängen (Emotionen, Gefühlen) und äußeren Bedingungen, mit und in denen ein Tier „bewusst“ (?) lebt (Einfluss des Lebensraums einerseits und des Sozialverbandes oder Partners, Vater / Mutter-Relationen andererseits) umfassender darzustellen.

Dabei ist sie sich der fundamentalen und nicht aufhebbaren Differenz bewusst, die Thomas Nagel – nicht ohne Humor – beschreibt, wenn er der Frage nachgeht, wie es sich anfühle, eine Fledermaus zu sein: „Mithin wird es nutzlos sein sich vorzustellen, man habe Flughäute an seinen Armen, mit denen man in der Dämmerung umherfliegen und mit seinem Maul nach Insekten schnappen könnte, man habe nur ein mittelmäßiges Sehvermögen und nehme seine Umwelt mittels eines Systems reflektierter, hochfrequenter akustischer Signale wahr; und den Tag verbringe man, mit den Kopf nach unten an den Füßen aufgehängt, auf einem Dachboden.

Soweit ich mir dies überhaupt ausmalen kann (und sehr weit reicht meine Einbildungskraft hier fürwahr nicht), kann ich dem stets nur entnehmen, wie *mir* zumute wäre, sobald ich mich so verhielte, wie sich eine Fledermaus verhält. Das steht hier aber gar nicht erst zur Debatte. Ich will nicht etwa wissen, wie mir zumute wäre, würde mein Leben fledermausartig, sondern wie es sich *für Fledermäuse* anfühlt, eine Fledermaus zu sein.

Und wenn ich mir das vorzustellen versuche, finde ich mich eingeschränkt auf die Inhalte meines eigenen Bewusstseins, die der Aufgabe offenkundig unangemessen sind." (Nagel, S. 234)

1. Denkwege im Tierreich

Aus Descartes langem Schatten hinaus treten all die Biologinnen und Biologen, die sich auf die Suche nach diesem Phänomen im Tierreich machen; denn Denken bedeutet zweifellos etwas anderes als einem angeborenen oder eingeübten Programm zu folgen. Es geht um eine grundsätzlich neue Dimension der Problemlösung.

Für Karl Popper ist das Denken eine Fähigkeit, bestimmte Hypothesen im Kopf zu erstellen und sie kritisch zu sichten, und stellt für ihn „den einzig wirklich bedeutenden Unterschied zwischen den Lösungsmethoden eines Albert Einstein und einer Amöbe" dar. Einstein lasse seine Hypothesen sterben, wenn sie sich als falsch erweisen; er sondert sie aus. Die Amöbe hingegen stirbt selbst; sie wird ausgesondert, wenn sie sich falsch verhält.

Popper unterstellt einer Amöbe, keine „innere Welt" zu haben, in der sie Probleme „durchspielen" kann, und wahrscheinlich hat er Recht damit.

Aber wie komplex ist diese „innere Welt" bei Säugern und Vögeln etwa? Kann sich ein Schimpanse, ein Delphin oder Graupapagei bestimmte Zusammenhänge und Abläufe schon vorab vorstellen und klarmachen? In welchem Ausmaß also können sie denken?

1.1 Qualitativer oder nur quantitativer Unterschied?

Bei wem könnten wir besser beginnen als bei Charles Darwin, dem Begründer der Evolutionstheorie? In seinem 1871 zum ersten Mal erschienenen Werk „Die Abstammung des Menschen" schreibt er: „So groß nun (...) die Verschiedenheit an Geist zwischen dem Menschen und den höheren Thieren sein mag, so ist sie doch sicher nur eine Verschiedenheit des Grads und nicht der Art. Wir haben gesehen, dass die Empfindungen und Eindrücke, die verschiedenen Erregungen und Fähigkeiten, wie Liebe, Gedächtnis, Aufmerksamkeit, Neugierde, Nachahmung, Verstand u.s.w., deren sich der Mensch rühmt, in einem beginnenden oder zuweilen selbst in einem gut entwickelten Zustand gefunden werden. (...)

Wenn bewiesen werden könnte, dass gewisse höhere geistige Fähigkeiten, wie Bildung, allgemeine Begriffe, Selbstbewußtsein u.s.w. dem Menschen absolut eigenthümlich wären, was äußerst zweifelhaft zu sein scheint, so ist es nicht unwahrscheinlich, dass dieselben nur die begleitenden Resultate anderer weit fortgeschrittener intellectueller Fähigkeiten sind; und diese wiederum sind hauptsächlich das Resultat des fortgesetzten Gebrauchs einer höchst entwickelten Sprache." (Darwin, Abstammung, S. 139)

Nicht nur, dass Darwin eben auch in bezug auf das Aufkommen des Phänomens „Geist" seine plausible Annahme einer bruchlosen Evolution festhält, ist in Anbetracht der ihn umgebenden Denktradition über das Wesen des Menschen erstaunlich – das Descartsche Denken über die Tiere war dem philosophisch-theologisch gebildeten Wissenschaftler sicherlich bekannt –; ein Postulat, dass wir, die Vertreter der Art Homo sapiens, es sind, die beweisen müssen, allein im Besitz bestimmter geistiger Fähigkeiten zu sein, dreht eine Argumentation um, in der bislang und selbstverständlich die Tiere die Beweislast zu tragen hatten.

In ihrem Kern geht die Darwinsche Evolutionstheorie davon aus, dass alle Entwicklungslinien heute existierenden Lebens auf gemeinsame Ausgangslinien zurückführbar sind. Konrad Lorenz erweiterte diese Theorie auf das Gebiet des Verhaltens, hält jedoch an der „kategorialen Verschiedenheit zwischen dem Menschen und allen anderen Lebewesen" fest. Es sei keine Übertreibung zu sagen, dass das geistige Leben des Menschen eine neue Art von Leben sei. In seiner systemischen Sicht der Evolution kommt dem Begriff „Fulguration" eine zentrale Bedeutung zu. In bewusster Absetzung zum Begriff der „Emergenz" beschreibt er damit „den Vorgang des In-Existenz-Tretens von etwas vorher nicht Dagewesenem". Wollten Philosophen und Mystiker des Mittelalters mit diesem Ausdruck „Blitzstrahl" einen göttlichen Eingriff in die Schöpfung umschreiben, versteht Lorenz darunter eine neue Systemeigenschaft.

Innerhalb dieser Überlegungen spielt das Phänomen „Denken" eine entscheidende Rolle. Er definiert es als „probeweises und nur im Gehirn sich abspielendes Handeln im vorgestellten Raum", und spricht diese Fähigkeit vielen Tieren unterschiedlichster Gattungen zu. Sehr beeindruckend ist seine Erzählung vom „denkenden Juwelenfisch": „Wenn ich je einen Fisch nachdenken gesehen habe, so war es damals." So sein Kommentar zu einem Ereignis, das er zufällig bei einem Maulbrüter beobachten konnte. Diese Fische zeichnen sich dadurch aus, dass ihre Jungen im Maul der Mutter zur Welt kommen und sich dorthin auch bei Gefahr zurückziehen. Die Fürsorge geht danach noch so weit, dass die Jungen per Maul eingesammelt werden – dann vom Vater. Bei einer solchen Aktion beobachtet Lorenz eine Konfliktsituation: Ein männlicher Fisch hatte gerade ein Stück Wurm im Maul, als er ein Junges entdeckt, das ins Nest zu holen war. Auch das nimmt er instinktiv in sein Maul. „Das war spannend! Der Fisch hatte zwei Dinge im Maul, von denen eines in den Magen, das andere in die Nestgrube sollte. Was würde geschehen? Ich muss sagen, dass ich in diesem Augenblick keine fünf Kreuzer für das Leben jenes Juwelenfischchens gegeben hätte.

Großartig aber, was wirklich geschah! Der Fisch stand starr, mit vollen Backen, aber ohne zu kauen. (...) Ermisst man, wie merkwürdig es ist, dass ein Fisch in eine echte Konfliktsituation geraten kann und dass sich das Tier darin genau wie ein Mensch verhält, nämlich nach allen Richtungen blockiert, stehen bleibt und weder vor noch zurück kann.

Viele Sekunden stand der Juwelenfischvater wie angemauert. Aber man konnte ordentlich sehen, wie es in ihm arbeitete, und dann löste er den Konflikt in einer Weise, dass man einfach Hochachtung finden musste. Er spie den ganzen Inhalt des Mundes aus, der Wurm fiel zu Boden, das kleine Juwelenfischchen tat (...) das gleiche. Dann wandte sich der alte Juwelenfisch entschlossen dem Wurm zu und fraß ihn ohne Hast auf – aber mit einem Auge auf das ‚gehorsam' am Boden liegende Kind. Als er fertig war, inhalierte er es und trug es heim zu Mama. Einige Studenten, die das Ganze mit angesehen hatten, begannen wie ein Mann zu applaudieren." (Lorenz, Er redete mit dem Vieh, S. 39)

Allein dem Menschen – so der Nobelpreisträger – kommt das „begriffliche Denken" zu. Er sagt, er habe zunächst erkannt, welche hohe Bedeutung die Abstraktionsleistung der Wahrnehmung, die Raumorientierung samt der zentralen Repräsentation des Raumes und das Neugierverhalten für die Entstehung des Menschen gehabt haben. Später kam dann die Einsicht dazu, dass es einer Integration dieser drei kognitiven Fähigkeiten miteinander und mit mindestens zwei weiteren bedurfte, um jenes einzigartige Systemganze zu schaffen, dessen Leistung das begriffliche Denken ist und dessen Entstehen die so genannte ‚Menschwerdung' bedeutet.

Die beiden entscheidenden und bislang unbeachteten kognitiven Leistungen sind erstens die „Willkürbewegung", die im Verein mit den Rückmeldungen, die sie hervorruft, eine kognitive Funktion besonderer Art ist, zweitens die Nachahmung, die die Voraussetzung für das Erlernen der Wortsprache und damit der objektunabhängigen Tradition darstellt.

1.2 Problemlösung durch Einsicht

Anfang der 70er-Jahre, in denen Lorenz diese Gedanken formulierte, war die moderne Verhaltensbiologie schon von dem geprägt, was man „kognitive Wende" nannte; Diese hatte in den 60er-Jahren in der Human-Psychologie begonnen und trug dazu bei, sich von der einseitigen Sichtweise des Behaviorismus abzuwenden, der – vor allem im angelsächsischen Raum etabliert – die Tiere zu lernfähigen Superautomaten degradierte. Nun war es wieder „erlaubt", sich den angeblich in einer „black box" verborgenen Prozessen der Reizverarbeitung zuzuwenden, d. h. von der These auszugehen, dass Tiere denken.

In so genannten „Problembox-Aufgaben" geht es darum nachzuweisen, ob ein Versuchstier durch mehr oder weniger Einsicht zu einer Problemlösung gelangen kann. Gerade am Zoologischen Institut der Universität Münster wurden damit Abstraktion, Generalisation, Handlungspläne und Gedächtnisleistungen bei Schimpansen, Orang-Utans und Gorillas untersucht. Die Namen Rensch, Dücker, Döhl und Lethmate sind hier zu nennen. Sie kamen aufgrund ihrer Studien an Menschenaffen zu der Auffassung, dass deren geistige Leistungen nicht auf ein Reiz-Reaktionslernen zu reduzieren sind: Auch Tiere verfügen über Einsicht in das, was sie tun.

1.3 Lernen und Erinnern

„Tat-twam asi" – diese Sanskrit-Worte aus den indischen Upanishaden ließ der oben erwähnte B. Rensch in Großbuchstaben an die Wand des Tierhaltungsraumes malen. Hier waren sowohl Kulturen von Einzellern und Insekten als auch Amphibien, Reptilien, Vögel und Kleinsäuger untergebracht. Die Worte bedeuten: „Das bist Du" und waren Hinweis für Mitarbeiter und Studierende, sich stets bewusst zu sein, dass – evolutiv bedingt – in jedem Tier, ja in jedem Lebewesen, Pflanzen inbegriffen, ein Stückchen unserer selbst vorhanden ist.

Rensch und seine Schülerinnen und Schüler zeigen in verschiedenen Versuchen auf, dass Tiere lernen können, dass sie über ein Gedächtnis verfügen, dass sie abstrahieren und generalisieren und zumindest kurzfristig planen und einsichtig handeln können.

Es ist sicherlich das Verdienst Renschs, Mitbegründer der synthetischen Evolutionstheorie, und seiner Schule, die kognitiven Leistungen der Tiere im Kontext der Evolution zu sehen; d. h. deren Untersuchungen aus dem „Elfenbeinturm der Laboratorien" herauszuführen. Denn die oben genannten Fähigkeiten: Lernen, Generalisieren etc. sind nicht „vom Himmel gefallen", sondern verdanken ihre Entstehung der Evolution des Gehirns einerseits und der Anpassung an den Lebensraum andererseits. Ein solch anspruchsvoller und diffiziler Vorgang äußert sich in der Entstehungsgeschichte der Säuger natürlich anders als beispielsweise in der der Insekten.

In neueren Untersuchungen ist deshalb die Rede von der „ökologischen Intelligenz" als einem Phänomen, das nicht nur bei Säugern zu finden ist, sondern auch bei Vögeln, Reptilien, Amphibien und Fischen. Tiere entwickeln ein der Lebenswelt (Ökosystem) optimal angepasstes Verhalten und sind deshalb evtl. intelligenter als der Mensch.

Die besonderen Fähigkeiten des Menschen stellen von daher nur *einen* Höhepunkt dar, und Manning / Dawkins mahnen: Jeder Biologe muss mit der Möglichkeit des Vorhandenseins anderer Höhepunkte auf alternativen Forschungswegen rechnen. Man kann an Honigbienen nicht dieselben Maßstäbe anlegen wie an Affen. Die Wissenschaften warnen vor jeder Form des Anthropozentrismus. In Abgrenzung zu den Vertretern des Behaviorismus fordern sie, die Lernsituation stärker aus der Perspektive des Tieres zu betrachten.

Die Biologen zeigen u. a. auf, dass entgegen der landläufigen Meinung Lernen und Instinkt nicht in Widerspruch zu einander stehen: Innerhalb eines vorgegebenen Rahmens (Instinkt) kommt es zu erstaunlichen Lernleistungen (Intelligenz). Tiere „hängen nicht einfach herum" und warten auf Stimuli, sondern versuchen aktiv, sich in Situationen zu begeben oder Handlungen zu vollbringen, die zu einer Belohnung oder zu einer Flucht vor Strafe führen. Tiere suchen in der Abfolge von Ereignissen nach Gesetzmäßigkeiten, um zu akzeptablen Voraussagen bezüglich des besten Ergebnisses zu gelangen.

Die Vorstellung, dass Geist und Bewusstsein dem Menschen ohne irgendeinen Vorläufer bei den Tieren, die unsere Ahnen und den nicht-menschlichen Primaten wahrscheinlich sehr ähnlich waren, einfach zugefallen sein sollen, ist schwerlich akzeptabel. D. h. auch Tiere können lernen und erahnen, was ihr Verhalten bei Artgenossen auslöst. Dies ist gerade bei sozial lebenden Tieren ein enormer selektiver Vorteil.

In diese Kategorie gehören auch die afrikanischen Graupapageien (Psittacus erithacus), deren berühmtester

Vertreter Irene Pepperbergs „Alex“ inzwischen zu einem Medienstar avanciert ist. Dieser kann nicht nur über 30 Objekte korrekt benennen. Er beherrscht auch bestimmte „Konzepte“ und hat eine Vorstellung von abstrakten Begriffen wie Formen, Farben oder Mengen.

Wenn Alex arbeitet, dann arbeitet er auf der gleichen Stufe wie Schimpansen, Delfine und Seelöwen. Die Aufgaben, die ihm gegeben werden, bewältigt er ebenso gut wie diese Tiere. Das legt nahe, dass ein Gehirn, das sich so stark von unserem unterscheidet, die gleiche Art von Problemen lösen kann wie das Gehirn eines Primaten.

Aus der Tatsache, dass der Papagei diese Höchstleistungen nur dann erreichen kann, wenn das Training in einem Sozialkontakt durchgeführt wird, können wir ableiten, dass die Fähigkeit zur Begriffsbildung, die mit der Lern- und Erinnerungsfähigkeit einhergeht, nicht an Sprache geknüpft sein muss, diese also nicht zur Vorraussetzung hat. Die Fähigkeit zur Begriffsbildung und damit zur Symbolverarbeitung scheint eher umgekehrt die Voraussetzung dafür zu bilden, dass sich Wort-Sprache entwickeln konnte, die letzte große Erfindung der Evolution.

1.4 Intelligenz hat primär mit dem natürlichen Habitat zu tun

Von „ökologischer Intelligenz“ war bereits die Rede; eng damit verbunden ist die „soziale Intelligenz“. Sie entspricht einem Trend innerhalb der Verhaltensbiologie: weg von den auf das Labor beschränkten Erforschungen „künstlicher“ Intelligenzleistungen – hin zu Untersuchungen „natürlicher“ Intelligenzleistungen mittels der Feldforschung.

Ein Forschungsschwerpunkt der Ethologen wurde konsequenterweise die soziale Intelligenz freilebender Tiere, ein anderer die Strategien des Nahrungserwerbs. Mit dieser Verlagerung des Arbeitsschwerpunktes geht ein *Definitionsverzicht* einher. Die Biologen Yerkes u. Yerkes z. B. erklären, warum sie Begriffe wie Intelligenz meiden: Es ist nicht so, dass diese Begriffe uns schrecken würden, aber wir sind davon überzeugt, dass es lohnender ist, sich speziell mit den Fakten in den Bereichen Verhalten und Erfahrung zu beschäftigen, als unsere Unwissenheit hinter allgemein gehaltenen Begriffen zu verstecken.

Auch andere verzichten auf eine genaue Intelligenzdefinition, weil sie die Meinung vertreten, jede Art sei auf ihre Art intelligent und an ihre natürliche Umwelt angepasst; insofern seien alle Tiere gleich intelligent.

Andere nehmen *Definitionserweiterungen* vor: Donald Griffin, der damit die Bedeutung der Tierpsychologie neu entdeckt hat, nimmt an, dass ein oft anwendbares, wenn nicht gar alles einschließendes Kriterium für Bewusstheit bei Tieren die vielseitige Anpassungsfähigkeit des Verhaltens an sich ändernde Umstände und Anforderungen ist.

Zudem sieht er als Anzeichen bewussten Denkens die Erwartung sowie das absichtliche Planen einer Tätigkeit mit dem Wissen um das wahrscheinliche Resultat.

Und drittens sieht er das Kommunikationsverhalten als Indikator an, weil es so oft und besonders bei gesellig lebenden Tieren Gedanken und Gefühle von einem Individuum zum anderen zu übertragen scheint. Gerade Tiere, die in komplexen sozialen Systemen leben, in denen jedes Tier von der Kooperation abhängig ist, müssen „psychologische Naturtalente" sein.

Aber auch Jagd- und Feindvermeidungsstrategien bieten eine Fülle von Informationen über vielseitiges Verhalten, dem Denkprozesse zugrunde liegen können.

Geradezu akribisch – von Berichten über in arbeitsteiligen Kolonien lebenden Weberameisen bis zum Delphin, der zur Imitation einer Robbe fähig ist; von der wählerisch ihr Gehäuse zusammenstellenden Köcherfliegenlarve bis hin zum sich selbst im Spiegel erkennenden Schimpansen – sammelt Griffin Beweismaterial für das Denken der

Tiere. Er wendet sich der kritischen Nachprüfung der Beziehungen zwischen Bewusstheit und genetisch programmiertem Verhalten ebenso zu wie der Anatomie des Nervensystems und dem Phänomen des erlernten Verhaltens.

Er kommt zu dem Schluss, vor allem das Verständigungsverhalten als ein Tor zur Erforschung der Gefühle und Gedanken der Tiere zu nutzen. In gewisser Weise scheinen die Tiere selbst diese Tür bereits zu benutzen, indem sie einander erfolgreich ihre Gefühle und einfache Gedanken mitteilen.

Marian Stamp Dawkins formuliert die Arbeitshypothese, wonach Intelligenz ihren Ursprung in einem erfolgreichen Sozialleben haben könnte. In ihren eigenen und von ihr beschriebenen Untersuchungen kategorisiert sie Verhaltensweisen anhand der Trias: Handeln nach „Faustregeln“ – Verhalten, das auf „Denken“ schließen lässt – Vorhandensein von Bewusstsein.

Faustregeln sind einfache Gesetze, die das Verhalten von Tieren steuern, denen aber jede unnötige Beziehung zu komplizierten Mechanismen fehlt. Sie beschreiben, wie ein Tier tatsächlich reagiert. So könnte man beispielsweise sagen, ein Weibchen einer Art „beurteile“ die Männchen, weil es nacheinander die Territorien jedes Männchens aufsucht und sich schließlich doch nur mit einem paart. Es könnte sich jedoch herausstellen, dass die Faustregel des Weibchens ganz einfach lautet: „Paare dich mit dem Männchen mit dem lautesten Ruf“ oder was auch immer.

Eine mögliche Definition von Denken hingegen lautet: Ein Mensch oder ein Tier sollte nicht nur eine geistige Vorstellung von seiner Umwelt haben, sondern auch imstande sein, auf diese Vorstellung irgendwie einzuwirken und entsprechend dieser veränderten Vorstellung in geeigneter Weise zu reagieren. Und genau dieses Vorausahnen des Unerwarteten, die Fähigkeit, immer „einen Schritt vorweg zu sein“, indem man Dinge im Geiste ausarbeitet, unterscheidet das wahre Denken von den Faustregeln.

Dieses Phänomen zu definieren ist nicht nur deshalb problematisch, weil es schon als solches so schwer fassbar und undurchsichtig ist, sondern auch, weil wir mit diesem einen Wort so viele verschiedene Dinge meinen können.

Dawkins schließt sich in ihren Untersuchungen dem amerikanischen Philosophen Daniel Dennett an, der in Bezug auf die Bewusstseinsforschung vom „Leiden unter einer vorschnellen Definition" spricht und verwendet den Begriff so, dass sie damit „einfach ein unmittelbares Wissen um etwas" ausdrückt: Er betont jedoch, dass es viele verschiedene Formen von Bewusstsein gibt und uns das Wesen des Bewusstseins immer noch höchst rätselhaft ist.

Komplexität nun ist für sie ein entscheidendes Kennzeichen von Bewusstsein. Da aber der Grundsatz gilt, dass Bewusstsein zwar komplexes Verhalten verursachen mag, aber nicht der Umkehrschluss zutrifft, wonach jedes komplexe Verhalten auf das Vorhandensein von Bewusstsein schließen lässt, verwendet Dawkins in ihren Analysen *„Ockhams Messer"*:

Der mittelalterliche englische Theologe und Philosoph Wilhelm von Ockham sagt, wir sollten immer mit der einfachsten möglichen Erklärung von etwas beginnen, und erst wenn sich diese als gänzlich ungeeignet erweist, sollten wir uns einer komplizierteren zuwenden. Die Geschichte vom „Klugen Hans" ist wohl die berühmteste Geschichte, in der deutlich wurde, wie schnell aufsehenerregende Hypothesen bezüglich tierlichen Verhaltens platzen, weil sie von jenem Messer eingeholt wurden:

Der „Kluge Hans" war ein Pferd, das dem deutschen Schausteller von Osten gehörte, der durch die vermeintlichen mathematischen Leistungen des Tieres beträchtliche Summen einnahm. Es war nämlich angeblich in der Lage, zu zählen und mit dem Kopf zu rechnen: Wenn jemand dem Tier beispielsweise zurief: Wieviel ist 7+9?, stampfte das Tier 16 mal mit dem Huf.

Erst der Psychologe Oskar Pfungst fand heraus, dass das Tier auf völlig unbeabsichtigte Bewegungen seines Besitzers, bzw. des Publikums reagierte, etwa auf eine geringe unabsichtliche Entspannung oder ein leichtes Ausatmen zu dem Zeitpunkt als „Hans“ bis 16 „gezählt“ hatte.

In Anwendung des ockamschen Messers hätte man sehr schnell einsehen können, dass man nicht die unglaubliche Fähigkeit, Kopfrechen zu können, zur Erklärung des Verhaltens des klugen Hans gebraucht hätte; das Einfachere hätte gereicht: Worauf achtet dieses an den Menschen gewöhnte Tier am meisten?

Dennoch ist die Intelligenz des Tieres beachtlich – wir werden uns dem Klugen Hans noch einmal intensiver zuwenden!

1.6 Was wissen Tiere über sich selbst?

Der so genannte „Spiegeltest“ ist relativ; denn er setzt voraus, dass Tiere sich und einander primär über den optischen Sinn wahrnehmen. Über solche Spezies, die diesen Weg über ihre Ohren oder Nasen gehen, sagt ein „Versagen“ bei diesem Test nichts aus. Im Übrigen sind wir Menschen vor Erreichen des achtzehnten Lebensmonates damit völlig überfordert. Demgegenüber schaffen es alle großen Menschenaffen nach einiger Zeit, sich im Spiegel oder auf einem Bildschirm zu erkennen.

Der Test verläuft so, dass das Versuchstier eine Farbmarkierung auf der Stirn erhält, ohne dass es dies merkt. Danach setzt man den „Probanden“ / die „Probandin“ vor einen Spiegel und kann an dessen Reaktion ersehen, ob er oder sie sich wiedererkennt.

In seinen Experimenten mit der Schimpansin Sarah geht der Primatologe Premack noch einen Schritt weiter: In kurzen Videospots werden ihr Problemsituationen vorgeführt, in der sich ihr Wärter befindet. Im Anschluss daran zeigt man ihr Fotografien mit Lösungsvorschlägen. So sieht Sarah z. B. im Film, wie ihr Wärter verzweifelt innerhalb des Käfigs an der Tür rüttelt. Auf den Fotos sieht sie u. a. einen Schlüssel, auf den sie dann auch zeigt. Erstaunlicherweise zeigt die Schimpansin im Fall eines Wärters, den sie nicht mag, niemals auf die „richtigen“ Fotos!

Was aber ist mit all den Tieren, die nicht in die Schar der Spiegel- und Videotüchtigen gehören, deren Ich-Bewusstsein sich unterhalb dieser Schwelle dokumentiert?

Amotz und Avishag Zahavi weisen in ihren Arbeiten zum Handicap-Prinzip auf inter- und intraspezifische Kommunikationsformen hin, die ein Wissen der „Gesprächspartner“ über sich selbst nahe legen:

Die Gazelle etwa, die beim Auftauchen eines Wolfs sich weder duckt und versteckt, noch das Weite sucht, sondern zunächst aufsteht, bellt und den Boden mit den Vorderhufen tritt, während sie ihren Feind nicht aus den Augen lässt. Kommt der Wolf näher, geschieht das noch Überraschendere: Die Gazelle springt mehrfach mit allen vier Beinen in die Luft!

Warum zeigt sich die Gazelle einem Feind, der sie vielleicht noch gar nicht bemerkt hat? Warum verschwendet sie Zeit und Energie auf das Springen, statt so rasch wie möglich wegzulaufen? Indem die Gazelle ihrem Feind signalisiert, dass sie ihn gesehen hat, und indem sie ihre Zeit mit Luftsprüngen „vergeudet“, statt die Flucht zu ergreifen, versichert sie dem Wolf, dass sie in der Lage ist, ihm zu entkommen. Im Gegensatz dazu ergreifen schwache oder alte Tiere sofort die Flucht.

Diese Gazellen müssen über ihre körperliche Verfassung Bescheid wissen, mit sich vertraut sein, um in diesen Krisensituationen entscheiden zu können; den Spiegeltest hingegen würden sie niemals bestehen.

1.7 „The theory of mind“ oder: Einblick in das Innenleben des anderen

Dorothy Cheney und Robert Seyfahrt entdecken in Feldexperimenten mit Grünen Meerkatzen, dass die Tiere lernen, selektiv einen Laut zu ignorieren, der eigentlich die Anwesenheit anderer Affen anzeigte, das aber nicht mehr taten, wenn ein bestimmtes Individuum ihn äußerte – eines, das sich als unzuverlässig erwiesen hatte. (Bestimmte und sehr variable Rufe und Laute spielen im Kommunikationssystem der Tiere eine lebenswichtige Rolle.)

Die Forscher zeigen auf, dass die Tiere sich individuell erkennen und ein beträchtliches Wissen über andere Gruppenmitglieder haben. In überzeugenden Einzelfällen setzen Tiere ihre soziale Fähigkeit sogar dazu ein, das Verhalten anderer Tiere zu lenken, um so etwas Gewünschtes durch Täuschung zu erreichen.

Dieses und andere Beispiele könnten ganz einfach Fälle von Lernen beschreiben, die nicht auf Intelligenz oder Einsicht beruhen. Es gibt aber zwei Merkmale, die an dieser Interpretation zweifeln lassen:

1. Bestimmte Verhaltensweisen (etwa „In-die-Ferne-Starren“ als Täuschungsmanöver bei Pavianen) werden nur ab und zu angewendet und in „echte“ Vorfälle eingestreut.
2. Aktivitäten sind so subtil, dass es plausibel ist, sie als Hinweis zu deuten, die Tiere machten sich die Einsichten über vorher erlangtes Wissen übereinander zunutze: Ockhams Messer favorisiert in diesen Fällen wirkliche Einsicht, beziehungsweise Intelligenz.

1.8 Eine Hommage an den „Klugen Hans“: Was uns die Denkwege der Tiere deutlich machen

Das Phänomen Denken hat sowohl in der Entwicklung des Lebens als auch in der persönlichen Lebensgeschichte seinen Ort in der aktiven Auseinandersetzung des Lebewesens mit seiner Umwelt einerseits und seinen Sozialpartnern andererseits. Die Entwicklung der Sprache und dabei besonders die Entwicklung von Symbolen für abstrakte Begriffe wirkten als Katalysatoren für die „kognitive Explosion“ innerhalb der Evolution und haben den Menschen in seine Sonderrolle katapultiert.

Von daher lag es nahe, in der wissenschaftlichen Bearbeitung der Denkleistungen der Tiere sich der selbstgemachten Maßstäbe zu bedienen und sie am Ende auch absolut zu setzen. Der „kluge Hans“ (vgl. Kap.1.5) war demnach nicht mehr klug, nachdem deutlich wurde, dass er nicht kopfrechnen kann.

Aber schon M. Dawkins zollt ihm offen Respekt; denn das Pferd war offenbar so feinfühlig, dass ihm alleine schon geringe Bewegungen der Augenbrauen von Ostens oder selbst eine Erweiterung der Nasenflügel ausgereicht hätten, um die richtige Antwort zu finden.

An der Geschichte gefällt ihr am meisten, dass Pfungst, der Skeptiker, der ganz genau wusste, dass Hans nicht wirklich rechnete, selbst nicht vermeiden konnte, dem Pferd Hinweise zu geben, die es aufgriff. Wenn er (Pfungst) also die richtige Antwort wusste, fand der Kluge Hans sie ebenfalls. Hans mag kein mathematisches Genie gewesen sein, aber er war zweifellos ausgesprochen geschickt darin, geringfügige Hinweise verschiedener Menschen aufzugreifen.

Die Verhaltensbiologie hat nicht zuletzt auch in der kritischen Auseinandersetzung mit dem Behaviorismus zu einer differenzierteren und respektvollen Sicht auf die Denkleistungen der Tiere gefunden.

Gleichzeitig wird m. E. jenseits aller wissenschaftlichen Bewertung das Folgende deutlich: Im Prozess einer womöglich neuen Verortung des menschlichen Denkens in der tatsächlichen – und nicht ausgedachten – Wirklichkeit könnte die Orientierung an einem „Meister der Wahrnehmung" wie dem „klugen Hans" zu einer erneuten „kognitiven Explosion" führen – einer, in deren Folge die konkrete Welt wieder zum Ausgangspunkt des Denkens wird.

2. *Emotionen im Tierreich*

Der englische Philosoph Jeremias Bentham (1784–1832) stellt die dem Menschen vergleichbare Empfindungs- und Leidensfähigkeit der Tiere in den Mittelpunkt seiner Überlegungen. Er beschwört den Tag herbei, an dem der Rest der tierischen Schöpfung jene Rechte erwerben wird, die ihnen niemals hätten vorenthalten werden können, außer durch die Hand der Tyrannei. Die entscheidende Frage ist nicht, ob sie denken oder sprechen können, sondern ob sie leiden können.

In verschiedenen Standardwerken zum Verhalten der Tiere sucht man allerdings vergeblich nach einem Kapitel über Emotion und Gefühle. Dieses Manko hat damit zu tun, dass die Biologie wie jede andere Wissenschaft keine Aussagen über das subjektive Empfinden weder beim Menschen noch beim Tier machen kann. Allerdings kann sie sich zum „Wohlergehen" eines Lebewesens äußern, indem sie sich etwa auf Veränderungen neuronaler Aktivitäten oder Hormonkonzentrationen bezieht.

Zudem kann die Biologie die Bedeutung der Emotionalität für menschliches und tierliches Verhalten erhellen.

2.1 *Gefühle – ein zu vernachlässigendes Randphänomen?*

Beginnen wir wiederum bei Charles Darwin, der in seinem Buch „Der Ausdruck der Gemüthsbewegungen bei dem Menschen und den Thieren" kein Problem damit hat, sich in das Bewusstsein eines Hundes zu versetzen und schreibt: „Können wir denn sicher sein, dass ein alter Hund mit einem hervorragenden Gedächtnis und einiger Phantasie, wie sie in seinen Träumen zutage tritt, niemals seine früheren Jagdabenteuer rekapituliert und damit über eine Form von Selbstbewusstsein verfügt?"

Noch suggestiver seine Frage: „Aber wer kann sagen, was Kühe fühlen, wenn sie um einen sterbenden oder toten Artgenossen herumstehen und ihn anstarren?" (Darwin, Abstammung, S. 112)

Das Standardwerk „The Oxford Companion to Animal Behaviour" gibt den Verhaltensbiologen den folgenden Ratschlag: „Man ist gut beraten, das Verhalten zu erforschen und nicht den Versuch zu unternehmen, die ihm zugrundeliegenden Gefühle zu verstehen." (S. 151) In Folge galten Gefühle lediglich als Nebenprodukte der eigenen genetischen und persönlichen Geschichte.

„Ich fühle, also bin ich – Die Entschlüsselung des Bewusstseins" (A. Damasio) und „Fühlen, Denken, Handeln – Wie das Gehirn unser Verhalten steuert" (G. Roth) – so lauten zwei Buchtitel, die einen Umbruch innerhalb der naturwissenschaftlichen Bewusstseinsdebatte insgesamt markieren; sowohl die neurophysiologischen als auch die evolutionsbiologischen Annäherungen an das Thema, die im Folgenden dargestellt werden sollen, widmen sich zentral den Emotionen.

2.2 Von der merkwürdigen Wissenschaftsgeschichte über die Emotionen

Für Antonio R. Damasio stellen Emotionen und Gefühle nicht weniger als die Grundvoraussetzung für die Entwicklung eines Bewusstseins dar. So haben alle höher entwickelten Lebewesen ein Kernbewusstsein, das evolutionsgeschichtlich viel älter ist als bisher angenommen.

Seine Thesen stützt er auf Fallstudien an Menschen, deren Gehirn geschädigt wurde. Er formuliert den folgenden neurologischen Tatbestand: Wenn das Bewusstsein aufgehoben ist, ist gewöhnlich auch die Emotion aufgehoben, was den Schluss nahe legt, dass Emotion und Bewusstsein zwar unterschiedliche Phänomene sein mögen, ihre Grundlagen aber miteinander verknüpft sind.

So wundert es ihn, dass in der Vergangenheit Philosophie und Naturwissenschaften nicht alle Anstrengungen unternommen haben, ihre Ergebnisse auszutauschen und voneinander zu profitieren. Ungeachtet David Humes und der von ihm begründeten Tradition habe die Philosophie der Emotion nicht vertraut und sie weitgehend in die verzichtbaren Bereiche des Tierischen und Fleischlichen verbannt. Ebenso verpasste auf der anderen Seite die Naturwissenschaft ihre Chance. Denn es spannt sich zwar von Charles Darwin bis hin zu Sigmund Freud ein Bogen von Wissenschaftlern, die ausführlich über verschiedene Aspekte der Emotion geschrieben haben und ihr einen besonderen Platz im wissenschaftlichen Diskurs eingeräumt haben.

Trotzdem, so Damasio, haben Neurowissenschaft und Kognitionswissenschaft der Emotion während des gesamten 20. Jahrhunderts bis in allerjüngste Zeit die kalte Schulter gezeigt. Man hätte erwarten können, dass eben diese Disziplinen die Emotionen auf die Tagesordnung setzten, doch dies geschah kaum.

Wie oben schon angedeutet, duldete man über weite

Strecken des 20. Jahrhunderts das Gefühl nicht in den wissenschaftlichen Labors. Es galt das Dogma: Die Emotion bildet den äußersten Gegensatz zur Vernunft, die ja wohl eindeutig die vornehmste menschliche Fähigkeit ist und im Übrigen völlig unabhängig von der Emotion existiert.

Das war, so resümiert der Neurobiologe treffend, im Grunde eine Umkehrung des romantischen Menschenbilds. Die Romantik hat die Emotion in den Körper und die Vernunft ins Gehirn verlegt. Die Wissenschaft des 20. Jahrhunderts hat den Körper außen vor gelassen und die Emotion wieder ins Gehirn befördert, sie aber in die unteren neuronalen Schichten verbannt, die mit gering geachteten Vorfahren in Verbindung gebracht werden. Am Ende war dann nicht nur die Emotion nicht vernünftig, sondern auch ihre Untersuchung nicht.

2.3 Eine Laune der Natur ...

Seit der Zeit Darwins – und wohl schon lange vorher – geht man davon aus, dass es sich bei Gefühlszuständen um Anpassungsleistungen handelt, die Tiere dazu animieren, ein solches Verhalten an den Tag zu legen, das ihrem Überleben und ihrer erfolgreichen Fortpflanzung dient. Gefühle müssen also einen Anpassungswert haben, und es gilt, der Frage nachzugehen, wo ihr stammesgeschichtlicher Ursprung liegt, d. h. was sich die Natur bei ihrer Erfindung „gedacht" hat.

Eine Annahme des Verhaltensbiologen D. Brooms lautet, dass Gefühle unmittelbar mit einer Gehirnaktivität einhergehen. Möglich ist, dass während der Höherentwicklung neuronaler Systeme, die z. B. die Feinderkennung oder die Futtersuche erleichterten, auch Hirnteile aktiviert wurden, die nicht notwendig für das System als Ganzes waren. Oder aber, vormals notwendige „Systemeigenschaften" („alte" Gefühle) bleiben erhalten.

In beiden Fällen handelt es sich aber um Beispiele

nicht-funktionaler Begleit- oder Epiphänomene des Systems, die möglicherweise zu jener Art von Auswirkungen auf das Gehirn führten, die dann zu dem wurden, was wir Gefühle nennen.

Vielleicht sind einige dieser Epiphänomene weiterhin nicht-funktionale, aber unvermeidliche Nebeneffekte eines grundlegenden Systems geblieben. Andere aber könnten Auswirkungen gehabt haben, die nach und nach funktional geworden sind. Es ist ebenfalls möglich, dass es Gefühle gibt, die für die Vorfahren einst funktional waren, in heutigen Tieren aber wenig oder keine Funktion erfüllen.

Komplexe Gehirne, wie die der Wirbeltiere, brauchen ein ebenso komplexes Regulations- und Reaktionssystem, um ein bloßes Reiz-Reaktionsschema in ihrem Verhalten überwinden zu können.

Wenn ein Individuum über ein System von Emotionen verfügt, das zu Veränderungen in seiner mentalen und vielleicht auch hormonellen Funktionsweise führt – etwa, weil ein bestimmter physischer Regulationsmechanismus oder ein erwartetes Ereignis nicht stattgefunden hat – steigt die Fitness eines solchen Individuums im Vergleich zu einem genetisch verschiedenen Individuum, das über dieses System nicht verfügt.

Wenn Gefühle einen hohen Anpassungswert und somit einen Selektionsvorteil darstellen, müssen sie im Leben eines Tieres Wirkung zeigen: Es könnte eine Auswirkung des Gefühls sein, dass das Individuum mit größerer Wahrscheinlichkeit eine angemessene Handlung vollzieht und daher eine größere Überlebenswahrscheinlichkeit hat. Die nächstliegende Art und Weise, in der dies geschehen könnte, ist die, dass das Gefühl hierbei als Verstärker fungiert, der die Wahrscheinlichkeit erhöht, dass das Individuum die angemessene Aktion auszuführen lernt.

Falls ein Gefühl als „Verstärker“ für eine bestimmte Verhaltensweise auftritt, kann eine solche Emotion mit der

Aktion zeitgleich auftreten oder in Form einer Erinnerung längere Zeit etwa das Wohlbefinden des Tieres prägen.

Somit können Gefühle, die z. B. mit ausreichender Ernährung oder optimaler Körpertemperatur verbunden sind, im Individuum einen Zustand erzeugen, der vorsichtig als Erwartungshaltung beschrieben werden kann: Das Gesamt aller bezüglich eines guten Wohlergehens erwarteten Werte lässt sich als die „Erwartungshaltung“ bestimmen; diese beinhaltet Standards, so zum Beispiel das instinktive Wissen um Schlüsselreize, die sich im Laufe der Evolution herausgebildet haben und sich bei Individuen der gleichen Spezies sowie gleichen Geschlechts und Alters stark ähneln.

Darüber hinaus wird diese Haltung von Informationen geprägt, die in der Individualentwicklung (Ontogenese) gesammelt wurden und von Tier zu Tier verschieden sein können, etwa aufgrund unterschiedlicher sozialer Erfahrungen. Die Erwartungshaltung ist nicht fix, sondern weist einen dynamischen Charakter auf und wird durch interne und externe Faktoren verändert.

Die Verwendung des Terminus „Erwartungshaltung“ bedeutet allerdings nicht, dass die Tiere sich ihrer Erwartungen bewusst wären.

Somit scheint die Fähigkeit, eine bewusste Erwartungshaltung einnehmen zu können, die ja im Verlauf der kulturellen Evolution eine entscheidende, wenn nicht die entscheidende Rolle spielen wird, in der Gefühlswelt sozusagen vorprogrammiert zu sein

2.4 Gefühl und Motivation

Im Verlauf der Stammesgeschichte wird es, wie wir gesehen haben, einen Übergang gegeben haben von Verhaltensweisen, die dem sehr starren Reiz-Reaktionsschema unterliegen, hin zu solchen, die flexiblere und / oder erlernte Antworten auf eine bestimmte Situation darstellen.

In diesem Übergangsfeld kommt den Motivationen eine besondere Bedeutung zu. Die Wissenschaft spricht von „Motivational affective states (MASs)", also motivationsbezogenen Gefühlszuständen; diese werden üblicherweise als Adaptionen betrachtet, die bestimmte Verhaltensweisen motivieren, besonders in Situationen, in denen eine flexible oder gelernte Reaktion als angepasster gelten kann als eine rigide oder auf Reflexen beruhende.

Diese inneren Zustände können negativ (unangenehme Gefühle wie Schmerz oder Hunger) oder positiv (angenehme Gefühle, die etwa durch Nahrungsaufnahme oder Spielen entstehen) sein.

2.5 Auf „epikureischem Minenfeld"

„Wer einen Vogel singen hört und sagt: ‚Ich glaube nicht, dass dabei Freude im Spiel ist', hat keine substantielle Aussage über Vögel gemacht. Aber er hat eine aufschlussreiche Mitteilung über sich selbst gemacht" – meint der Biologe J. Masson.

Auch wenn dem widerspruchslos zuzustimmen ist, bleibt die Frage, was denn mit „Freude" gemeint ist, offen, und sie führt mitten in die Philosophie und die dort geführten Auseinandersetzungen um die angemessene Übersetzung und die ethischen Konsequenzen.

Der Begriff „pleasure" hat überraschenderweise in die Verhaltensbiologie Einzug gehalten, und zwar an zentraler Stelle! Michel Cabanac u. a. ist diese „Bewusstseinserweiterung" zu verdanken. Ihm und seiner zentralen These: „Pleasure: the Common Currency" („Freude ist die allgemeingültige Währung") folgen wir nun auf „vermintes Gelände".

Vermint deshalb, weil der Begriff „Pleasure" so unterschiedliche Übersetzungen zulässt wie Lustgewinn und Genuss einerseits und Lebensfreude andererseits. Führt das Eine zum ständigen Kreisen um sich und die eigenen

Bedürfnisse, so bedingt die Freude eine Haltung der Offenheit für andere und anderes. Unversehens steht man vor der Wahl zwischen den feucht-fröhlichen Sümpfen des Hedonismus und den sakralen Hallen tiefer, geschenkter und verdankter Lebensfreude.

Cabanac selbst gibt die Richtung vor, wenn er am Ende seines Aufsatzes auf ein Bibelwort in Deuteronomium 8,3 verweist: „man does not live by bread alone" (der Mensch lebt nicht vom Brot allein)!

Die Grundfrage lautet so: Was zählt in Konfliktsituationen, in denen ein Individuum zur Erlangung des inneren Ausgleichs zwischen verschiedenen Verhaltensweisen zu wählen hat? Oder anders gefragt: Wie „rechnet" ein Tier um, wenn unterschiedliche und womöglich konkurrierende Parameter berührt sind, um die Fitness zu maximieren?

Für Cabanac steht fest, dass der sich verhaltende Organismus seine Prioritäten ordnen muss und dazu einer „allgemeinen Währung" bedarf, um diese Ordnung zu erreichen. Der hier vorgeschlagenen Theorie zu Folge ist das Wohlgefühl bzw. die Freude die „allgemeine Währung".

In seinen Arbeiten macht Cabanac deutlich, dass Freude nicht länger als eine vage und undeutliche Umschreibung für die Begleiterscheinung eines Verhaltens angesehen werden kann, sondern vielmehr als eigenständiger Untersuchungsgegenstand: Sowohl ihre Maximierung als auch die Minimierung von Unwohlsein führen nicht nur zu sinnvollem Verhalten, sondern stellen zugleich eigenständige Lösungen von Motivationsproblemen dar.

Seine Hypothese geht von der Annahme aus, dass bei den Ausgleichsbemühungen zwischen kollidierenden Motivationen die Freude als gemeinsame Währung fungiert. Dabei wird das Missvergnügen darüber, einer Motivation nicht stattgegeben zu haben, um einer größeren Freude willen in Kauf genommen, die durch die Befriedigung einer anderen Motivation erlangt wird.

Dieser Mechanismus stellt biologisch einen großen Vorteil dar, denn der Organismus braucht für optimal angepasste Verhaltensweisen keine besonders hoch entwickelten kognitiven Fähigkeiten.

So weist der kanadische Verhaltensbiologe in verschiedenen Experimenten nach, dass die Freude mit einem klar umrissenen psychologischen Ziel zusammenfiel. Diese über bloßen Zufall weit hinaus gehende Entdeckung legt eindringlich den Schluss nahe, dass die Freude selbst der Schlüssel zum optimalen Verhalten war und dass ergo die Maximierung der Freude zu optimaler psychologischer Leistung führt.

In der Konsequenz heißt dies einerseits: Je höher die kognitiven Fähigkeiten eines Tieres entwickelt sind, umso stärker spielt die mit einem Verhalten verbundene Freude eine Rolle, weil sie bewusst gesucht wird. So halten etwa Ratten bedrohliche Kälte aus, um an einen schmackhaften Köder zu gelangen. Sie nutzten ihre Freiheit, um die folgende für sie relevante „algebraische Summe" zu erhöhen: „verdauungsbezogene Freude minus kälteinduziertes Unbehagen."

Andererseits wird der hier ins Spiel gebrachte Freiheitsbegriff stark in Frage gestellt; denn an dieser Stelle deutet sich bereits an, was in der Sichtung der neurobiologischen Befunde deutlich wird, und was G. Roth inhaltlich in die These fassen wird: Wir tun nicht, was wir wollen, sondern wir wollen, was wir tun! D. h. unser bewusstes Wollen ist dem längst schon unterbewusst entschiedenen Handeln nachgeordnet.

Wenn Freude tatsächlich die allgemeingültige Währung darstellt, in der Verhalten sich auszahlt, erhellt dies nicht nur jedes individuelle Verhalten und somit im Verlauf seiner Ontogenese, sondern zugleich die uns hier interessierende stammesgeschichtliche (phylogenetische) Relevanz der Gefühle. Für Cabanac liegt der große Vorteil der Freude als Motivation in ihrer Vielseitigkeit: Denn

Freude eröffnet ein unendliches Register neuer Reaktionsmöglichkeiten. Tatsächlich ist es wesentlich leichter, Freude zu maximieren, als innerhalb des Nervensystems oder Gehirns eine unendliche Zahl instinktiver Reaktionen anzusammeln.

In diesem Falle verhält es sich mit der Freude wie mit der in einen Taschenrechner einprogrammierten Multiplikationsfunktion. Auch hier ist es wesentlich leichter, auf diese Funktion zuzugreifen, als die unendliche Zahl möglicher Multiplikationen rationaler Zahlen zu speichern.

Cabanacs These kommt so unspektakulär daher, ist es aber m. E. nicht: Denn zum einen ergänzt sie das evolutionsbiologische Dogma, die Entwicklung des Lebens auf diesem Planeten verlaufe im wechselhaften Spiel von Mutation und Selektion zufällig und somit ziellos, durch die Erkenntnis, dass im großen „Rechner“ des Lebendigen die Freude eine feste „Funktion“ ist, d. h. die starke Währung, in der sich ein Verhalten eben auch phylogenetisch auszahlt. Hat die Evolution somit doch eine Richtung?

Zum anderen beleuchtet sie ein im Verlauf der Höherentwicklung komplexer werdendes Spannungsfeld: Was geschieht, wenn ein Individuum durch die Maximierung seiner Freude die eines anderen minimiert? Ordnungsprinzipien (Dominanzbeziehungen, Kommunikationssysteme bis hin zu intelligenten Ethiken) innerhalb eines Sozialsystems werden erforderlich; der Verzicht auf individuelle Freude wird im Blick auf den Erhalt eines „größeres Ganzen“ möglich (altruistisches Verhalten); zudem kann die Erfahrung einer solchen Freude entstehen, die „diese Welt nicht geben kann“ – eine Implikation, die Cabanac durch seinen Verweis auf Dtn 8 und somit auf die metaphysische Dimension der Freude nahe legt.

Für Antonio Damasio steht fest, dass Emotion und Bewusstsein zwar unterschiedliche Phänomene sind, ihre Grundlagen aber eng miteinander verknüpft sind. Seine Arbeiten stellen einen Meilenstein in der Bewusstseinsdebatte dar; denn sie können von folgendem neurologischem Tatbestand ausgehen: Wenn das Bewusstsein aufgrund gravierender Hirnverletzungen aufgehoben ist, ist gewöhnlich auch die Emotion aufgehoben.

Dasjenige, was seit mehr als zwei Jahrtausenden viele Philosophen von ihren Mitmenschen gefordert hatten, nämlich die Vernunft walten zu lassen und die Gefühle zu unterdrücken, endete bei vielen von Damasio untersuchten Patientinnen und Patienten in absolut unvernünftigem Verhalten.

Er vermutet, dass das Bewusstsein von der Evolution hervorgebracht wurde, weil die Erkenntnis der durch Emotionen hervorgerufenen Gefühle so unentbehrlich für die Kunst des Lebens ist und weil die Kunst des Lebens einen Erfolg der Naturgeschichte darstellt. Bewusstsein muss vorhanden sein, wenn Gefühle das Individuum über das unmittelbare Hier und Jetzt hinaus beeinflussen. Die Emotion ihrerseits wurde im Lauf der Evolution wahrscheinlich vor der „Morgendämmerung des Bewusstseins“ (Damasio) angelegt.

Der Autor unterscheidet drei Verarbeitungsstadien, die sich entlang eines Kontinuums anordnen, und die sich auf die phylogenetische Entstehungsgeschichte von Emotion und Bewusstsein übertragen lassen: Einen nichtbewusst ausgelösten emotionalen Zustand und einen bewusst gemachten Gefühlszustand, in dem das Lebewesen weiß, dass es sowohl Emotion als auch Gefühl hat.

Er nimmt an, dass einige nichtmenschliche Lebewesen, die Emotionen zeigen, aber aller Wahrscheinlichkeit nach nicht über unsere Form des Bewusstseins verfügen, durchaus Repräsentationen erleben, die wir Gefühle nennen, ohne dass sie es wissen. Man könnte einwenden, wir sollten ein anderes Wort verwenden für „Emotionen, die bewusst sind“ , aber es gibt keines.

Für Damasio ist es nicht ausgeschlossen, dass die Grundkonfigurationen von Emotionen auch schon in einfachen Organismen zu finden sind. Dank unseres Bewusstseins können wir Menschen die Gefühle auch noch erkennen, die die Emotion verursacht hat. Hingegen hat „die still und langsam vor sich hinbastelnde Evolution dem kleinen Vogel alles Denken abgenommen. Das genetische System des winzigen Geschöpfs hat die evolutionäre Botschaft pflichtgemäß übermittelt. Mit ein bisschen Hilfe durch die Mutter und frühere Umstände kann das Minikonzert der Furcht nun jedes Mal aufgeführt werden, wenn die Situation es verlangt.“

Und wie steht es nun um die Entwicklung des Bewusstseins bis hin zu uns Menschen? Damasio schreibt in seinem Kapitel „Das Bewusstsein und sein Rang in der Ordnung der Dinge“: „Die vielen Bedeutungen, die das Wort ‚Bewusstsein‘ angenommen hat, haben zur Folge, dass man es ohne nähere Erläuterungen kaum verwenden kann. (...) Man hat dem Bewusstsein alle Eigenschaften des menschlichen Geistes zugeschrieben, die wir für besonders hoch entwickelt und spezifisch menschlich halten – so die Fähigkeit, zwischen Gut und Böse zu unterscheiden, die Fähigkeit, die Bedürfnisse und Wünsche unserer Mitmenschen zu erkennen und unser Empfinden für den Platz, den wir im Universum einnehmen. Diese Attribute haben das Bewusstsein unantastbar gemacht. Doch nach meiner Auffassung ermöglicht das Bewusstsein unserem Geist, all die Eigenschaften zu entwickeln, die wir so bewundern, es ist aber nicht die Essenz dieser Eigenschaften. Bewusstsein ist nicht Gewissen. Es ist nicht dasselbe wie Liebe, Ehre und Barmherzigkeit, wie Großzügigkeit und Altruismus, Poesie und Wissenschaft (...).

Die wunderbaren Hervorbringungen des menschlichen Geistes sind auf die gleiche grundsätzliche Weise auf Bewusstsein angewiesen wie sie auf Leben angewiesen sind und wie das Leben auf die Verdauung und auf ein ausgewogenes inneres chemisches Milieu angewiesen ist.

Doch keine dieser wunderbaren Hervorbringungen wird unmittelbar vom Bewusstsein verursacht. Vielmehr sind sie die direkte Konsequenz eines Nervensystems, welches nicht nur bewusstseinsfähig, sondern auch mit einem umfangreichen Gedächtnis ausgerüstet ist, mit der hochwirksamen Fähigkeit, Gedächtnisinhalte zu kategorisieren, mit der neuartigen Fähigkeit, das gesamte Spektrum des Wissens in Sprache zu codieren und mit der komplexen Fähigkeit, sich Wissen in der Vorstellung anschaulich zu machen und es intelligent zu manipulieren. (...)

Kurzum, das Bewusstsein ist ein großartiger Passierschein in die Zivilisation, aber nicht diese selbst. (...)

Trotzdem bin ich bereit zuzugeben, dass wir wahrscheinlich wegen des Bewusstseins aus dem Garten Eden vertrieben worden sind. Das Bewusstsein hat noch nicht den vollen Geschmack der Frucht vom Baum der Erkenntnis, aber das unschuldige Bewusstsein hat die Dinge in Gang gebracht, vor vielen, vielen Arten und vielen Millionen Jahren, noch bevor der Mensch sich einen Begriff von der eigenen Natur zu machen begann." (Damasio, Ich fühle, also bin ich, S. 370ff.

2.7 Das limbisch-emotionale Gehirn

Die neurophysiologischen Erkenntnisse G. Roths u. a. unterstützen die Ergebnisse Damasios und lassen folgende Thesen zu:

Die Hirnzentren, die unsere Denk- und Gefühlswelt und somit unser Handeln in seinen Grundzügen bestimmen, liegen außerhalb der assoziativen Großhirnrinde und sind dem bewussten Erleben nicht zugänglich.

Gefühle beherrschen also den Verstand, und das ist auch gut so, denn unsere konditionierten Gefühle sind ja nichts anderes als konzentrierte Lebenserfahrung.

Das bewusste Ich, das auch sprachlich vermittelt ist, stellt so etwas wie „die letzte Instanz" dar, „die erfährt, was in uns los ist". Sie gleicht einem „Regierungssprecher, der Dinge interpretieren und legitimieren muss, deren Gründe und Hintergründe er gar nicht kennt".

Die menschliche Existenz, die in besonderer Weise bewusst, weil weitestgehend sprachlich vermittelt ist, ist nicht eine einfache Fortsetzung des Unbewussten, sondern eine andere Art von Existenz, nämlich eine soziale.

2.8 Die Rolle der Hormone

Neben der genetischen Ausstattung spielen Hormone in verschiedenen Bereichen des tierlichen und menschlichen Lebens eine entscheidende Rolle: Vorgeburtliche, pränatale Einflüsse, die gesamte Persönlichkeitsentwicklung und die unterschiedlich gearteten Lebensbedingungen in den verschiedenen Entwicklungs- und Sozialisationsphasen sind hier zu nennen. Hormone tragen zur (geschlechtlichen) Identitätsbildung bei und sind zugleich Indikatoren für innere Zustände.

Ausführlich hat Dietrich von Holst die Physiologie sozialer Interaktionen untersucht und sich u. a. mit Stressreaktionen beschäftigt. Die beiden dafür charakteristischen endokrinen Systeme mit ihren wichtigsten Auswirkungen sind:

1. Das Sympathicus-Nebennierenmarksystem: Notfallreaktion (nach W. Cannon); Adrenalin, Noradrenalin; Steigerung von Atmung, Herzrate, Blutdruck und Blutzucker; Abbau von Leber- und Muskelglykogen.
2. Das Hypophysen-Nebennierenrindensystem: Stress-Reaktion (nach H. Selye); Cortisol, Cortison, Corticosteron; Abbau von Muskel- und Fettgewebe, Anstieg

von Blutzucker und Leberglykogen; Hemmung von Entzündungen und Immunsuppression.

In seinen Untersuchungen an Tupajas, die in der Natur paarweise in Territorien leben, kann er zeigen, dass aus Kämpfen hervorgehende „submissiv unterlegene" Männchen aufgrund einer permanenten Stress-Situation, nicht etwa wegen direkter physischer Auswirkungen der Auseinandersetzungen, innerhalb weniger Tage sterben. Anthropomorph gesprochen – so der Biologe: Der Unterlegene stirbt an der andauernden Angst.

Zudem zeigt u. a. der Hormonstatus, ob Paare in harmonischen oder unharmonischen Beziehungen leben. Die Forschungen von Norbert Sachser u. a. an domestizierten Meerschweinchen und ihren Wildformen lassen folgende Aussagen über in Gruppen lebende Säugetiere zu:

Soziale Interaktionen haben nicht nur Auswirkungen auf den individuellen Reproduktionserfolg, sondern können einerseits das gesamte Wohlergehen fördern oder rufen Stressreaktionen hervor.

Die Art und Weise, in der Tiere interagieren, wird nicht nur von der aktuellen Umweltsituation beeinflusst, sondern in hohem Maß auch von den sozialen Erfahrungen, die sie während ihrer bisherigen Entwicklung gemacht haben. Hier kommt der Pubertät als besonders prägende Phase auch im Leben eines jungen Meerschweinchens außerordentliche Bedeutung zu.

Außerdem haben pränatale Bedingungen eine nicht zu unterschätzende Relevanz. So verhalten sich etwa Töchter einer Mutter, die während ihrer Trächtigkeit in einer stabilen sozialen Situation gelebt hat, anders als solche, deren Mutter sozialem Stress ausgesetzt ist.

Diese zugegebenermaßen schlaglichtartigen Erkenntnisse der Verhaltens-Endokrinologie vervollständigen unsere „Sammlung von Evidenzen": Unter Beibehaltung der Grenzbestimmung, über das subjektive Wohlbefinden eines Lebewesens keine objektive Auskunft geben zu können, können wir sagen: Es ist plausibel anzunehmen, dass auch bei Tieren – abhängig von ihrer physiologischen Ausstattung – deutliche und prägende Reaktionen auf innere und äußere Einflüsse in Form von Emotionen vorliegen. Es liegt sogar die Vermutung nahe, dass bei bestimmten Tieren womöglich Gefühle vorhanden sind, die bei Menschen und ihm nahestehenden Säugern nicht oder nicht mehr konstitutiv sind.

George Schaller fragt, nachdem er ein Weibchen des Großen Panda, das er Zhen-Zhen nannte, beobachtet hatte: „Wie stellt sich die Welt für einen Panda dar? Treffe ich auf einen Tiger oder einen Gorilla, kann ich die Beziehung, die uns miteinander verbindet, an den Gemütsbewegungen ablesen, die das Tier ausdrückt, denn Neugier, Freundlichkeit, Argwohn, Zorn, Furcht – das alles verrät sich in seiner Körpersprache und seinem Mienenspiel. Dagegen sind Zhen-Zhen und ich zwar an ein und demselben Ort beisammen, aber dennoch durch eine unermessliche Kluft voneinander getrennt. Ihr Inneres bleibt unerforschlich, ihr Verhalten unergründlich. Verstandesmäßige Einsichten vertiefen emotionales Erleben. Aber bei Zhen besteht für mich die Gefahr, dass ich von einem Berg von Schätzen mit leeren Händen weggehe."

2.9 *Vom Glück der Tiere*

Wie und wodurch wird Freude, die auch Tiere empfinden, zu Glück und verwandelt sich eine unbewusste Erwartungshaltung in eine menschliche Hoffnung?

Feststeht, dass die Natur mit der „Erfindung" von Emotion und Gefühl die Grundvoraussetzung für die Entwicklung des Bewusstseins geschaffen hat. Dieses komplexe innere „Bezugs- und Kontrollsystem" ermöglicht ihren Inhabern eine ganz neue Form der Anpassung, indem es ihnen ein Spiel-Feld eröffnet, das ihnen aus dem starren Reiz-Reaktions-Schema einen Ausweg öffnet: Die

Wahrnehmung der inneren und äußeren Einflüsse auf ihre Fitness kann zu einer vor-bewussten Erwartungshaltung führen. Und die mit bestimmten Handlungen verbundenen Gefühle der Freude eröffnen den „Glücklichen" sowohl neue Formen der sozialen Interaktion als auch innovative Anpassungs- und Vermeidungsstrategien.

Die Evolution macht damit einen ungeheuren Sprung: Sie bringt Individuen hervor! Und ein Individuum ist, was, wenn es verletzt wird, Schmerz empfindet; was darum Angst kennt, wenn es bedroht wird; und was sich unmissverständlich auch dem gleichgültigen Betrachter offenbart, indem es sich in Sicherheit zu bringen sucht.

3. *Beweggründe tierlichen Verhaltens*

„Als der göttliche Funke aus der Mode kam, wurde die Kultur zur allgemein anerkannten Erklärung für unseren Erfolg." So beleuchtet der Primatologe Frans de Waal die Debatte, die Natur- und Geisteswissenschaften gleichermaßen über Generationen hinweg beschäftigt: Gibt es einen sanften Übergang von der Natur zur Kultur, in dessen Folge dann auch die Phänomene auftauchen, die moralisch genannt werden können? Können und müssen wir schon Tieren Kultur und womöglich Moralfähigkeit zugestehen? Oder „fiel die Kultur doch vom Himmel"?

Letzten Endes – so de Waal – geht es um die Alternative, ob unsere Moral naturgegeben oder etwas Hergestelltes ist oder ob wir die einzige Spezies auf Erden sind, die „sich selbst gemacht" hat.

Charles Darwin – seine Position sei auch diesem Kapitel vorausgestellt – war davon überzeugt, dass seine Theorie genug Platz ließ, um den Ursprung der Moral zu erklären; er maß der Fähigkeit zum Mitgefühl eine große Bedeutung bei, aus der er die Tiere nicht ausschloss: „Es sympathisieren (…) sicher viele Thiere mit dem Unglück oder der Gefahr ihrer Genossen."

Er sah auch keinen Widerspruch zwischen der Unerbittlichkeit des Evolutionsprozesses und der möglichen Sanftheit einer seiner Hervorbringungen. Gegen Huxley, der in der Moral eine Verletzung der Prinzipien der Evolution sieht, betont er auch hier die Kontinuität von Mensch und Tier: „(Es) scheint mir in hohem Grade wahrscheinlich zu sein, nämlich daß jedes Thier, welches es auch sein mag, wenn es nur mit scharf ausgesprochenen socialen Instincten (die elterliche und kindliche Zuneigung hier eingeschlossen) versehen ist, unvermeidlich seine intellectuellen Kräfte so weit oder nahezu so weit wie beim Menschen entwickelt hätte." (Darwin, Abstammung, S. 96)

Doch bevor wir uns den brisanten Fragen des Woher und Wofür von Kultur und Moral zuwenden, soll Grundsätzliches über Antriebe des tierlichen (und menschlichen) Verhaltens ausgeführt werden. Denn Intention dieses Kapitels ist es auch, die Komplexität tierlichen Verhaltens darzustellen; dies geschieht durch verschiedene Zugehensweisen (z. B. ökonomisch, kommunikationstheoretisch), die wie Folien auf das Miteinander der Tiere gelegt werden.

3.1 *Wie- und Warum-Fragen*

Im Ruhezustand hält der große, leuchtend gelbe Falter seine Vorderflügel so, dass sie das Abdomen und die Hinterflügel bedecken. Stößt man ihn aber an oder berührt seinen Thorax, strahlen zwei große runde Flecken aus blauen, schwarzen und weißen Schuppen auf tiefgelbem Untergrund, die den Betrachter wie Augen anstarren. Jeder, der zum ersten Mal sieht, wie der *Automeris*-Falter aus Costa Rica seine Hinterflügel entblößt, wird wie John Alcock fragen, was da vor sich geht.

Seine Fragen über das Flügelspreizen bei *Automeris* ergeben eine lange Liste, in der jede Frage einer von zwei Kategorien zugeordnet werden kann: Wie-Fragen über die so genannten proximaten Ursachen des Verhaltens und Warum-Fragen über die so genannten ultimaten Ursachen. Beide Fragetypen betreffen grundsätzlich verschiedene Ebenen der Analyse und sind komplementär zu verstehen:

Zielen die Wie-Fragen darauf ab, wie ein Individuum eine bestimmte Aktivität bewerkstelligt, so geht es bei den Warum-Fragen um den evolutiven Hintergrund eines Verhaltens.

Analyse-Ebenen bei der Untersuchung tierlichen Verhaltens (Alcock, Verhalten der Tiere, S. 3):

Proximate Ursachen:
1. Genetische und entwicklungsbiologische Mechanismen:
   - Wirkung des Erbgutes auf das Verhalten;
   - Wechselwirkungen zwischen Genom und Umwelt während der Ontogenese, die zur Ausbildung sensorischer und motorischer Mechanismen führen.
2. Sensorische und motorische Mechanismen:
   - Wahrnehmung von Reizen aus der Umgebung (z. B. Nervensystem),
   - Regulierung der inneren Reaktionsbereitschaft (endokrine Systeme),
   - Ausführung der Verhaltensantwort (Motorik).

Ultimate Ursachen:
1. Evolutionsgeschichtliche Grundlagen eines Verhaltens:
   - Ursprung eines Verhaltens und seine Abwandlungen im Lauf der Zeit.
2. Wirkungen der natürlichen Selektion in der Vergangenheit auf die Ausformung des gegenwärtigen Verhaltens:
   - Frühere und jetzige Nützlichkeit eines Verhaltens im Hinblick auf die Fortpflanzung.

Ein Cartoon von Gary Larson zeigt Lemminge, die sich ins Wasser stürzen, um Suizid zu begehen. Ein Tier aber unterscheidet sich von den anderen dadurch, dass es einen Rettungsring um die Taille trägt. Dieser Witz führt die These, das „Artwohl“ sei ein wesentlicher Selektionsfaktor, ad absurdum.

Diese These wurde u. a. von V. C. Wynne-Edwards ausgeführt und besagt, dass fast alle Aspekte des tierlichen Verhaltens dazu beitragen, dass eine Art ihre Populationsdichte gering halten kann, um die lebensnotwendigen Ressourcen nicht zu zerstören. Folgerichtig hätten nur Arten, die ihre Populationsdichte regeln können, bis in die Gegenwart überlebt. Andere Arten, denen solche Mechanismen fehlen, seien durch übermäßige Nutzung ihrer Nahrungsgrundlagen ausgestorben.

Durch diese These waren die Biologen gezwungen, die theoretischen Grundlagen für die Evolution des Sozialverhaltens zu untersuchen. So legte G. C. Williams 1966 dar, dass sich diese Theorie der Gruppenselektion von Darwins Theorie von der natürlichen Selektion grundsätzlich unterschied. Diese vollzieht sich als Folge von Differenzen von Individuen, deren Phänotyp durch eine zufällig auftretende Mutation eine Variation erfahren hat. So bewirkt die Selektion auf dieser Ebene mit sehr viel größerer Wahrscheinlichkeit evolutiven Wandel als auf der Ebene der Gruppe oder gar Art.

In Williams Argumentation spielen die Lemminge (*Lemmus lemmus*) tatsächlich eine entscheidende Rolle. John Alcock schlägt vor, sich einmal eine bestimmte Art oder Gruppe vorzustellen, deren Individuen bereit sind, sich für den Langzeiterfolg ihrer Art zu opfern. Vielleicht begehen beispielsweise einige Berglemminge „Selbstmord“, wenn die lokale Populationsdichte so hoch wird, dass die Nahrungsgrundlage und damit das Überleben der Gruppe gefährdet ist. In einem solchen Fall würde man sagen, dass eine Gruppenselektion die Allele (genetische Ausstattung) für selbstmörderisches Verhalten begünstigt, da die Art als ganze von der Beseitigung des Bevölkerungsüberschusses profitiert.

Allerdings würde in einer Lemmingpopulation mit der Bereitschaft zum Suizid die natürliche Selektion auf der Grundlage der Variabilität zwischen den Individuen ebenso wirksam werden. Und das bringt der eingangs vorgestellte Cartoon ins Bild: Falls es tatsächlich zwei Typen von Lemmingen gäbe, einen mit der Neigung, sich bei hoher Populationsdichte zu töten, und einen anderen mit der Neigung, sich zu „retten" und die Selbstopferung des anderen zuzulassen, liegt auf der Hand, welcher Typus in der nächsten Generation einen größeren Anteil ausmacht.

Der Argumentation Williams, wonach eine Selektion an den Unterschieden zwischen Individuen ansetzt, haben sich die meisten Verhaltensbiologen angeschlossen. Es ist deutlich geworden, dass eine Selektion, die an Unterschieden zwischen Gruppen ansetzen sollte, kaum Auswirkungen auf die Zusammensetzung des Erbgutes in der nächsten Generation hat.

3.3 Kommunikation und Handicap

Für John Alcock sind es die Augen, die uns von den Hinterflügeln des *Automeris*-Falter bedrohlich „anstarren", für Amotz und Avishag Zahavi diejenigen, die das Pfauenrad zum schillernden Kunstwerk machen. Ein Augenaufschlag genügt dem einen, um einen langen systematischen Fragekatalog aufzustellen, den anderen, um eine neue Theorie zu entwickeln: Das Handicap-Prinzip, von dem schon die Rede war.

Auf dem Hintergrund der uns in diesem Kapitel beschäftigenden Fragestellung kommt den Forschungen der Zahavis eine besondere Bedeutung zu, erklären sie doch die Kommunikation, das Senden und Empfangen von Signalen, zu einem Hauptantrieb des tierlichen Verhaltens!

Warum also der Pfau sein Rad schlägt – diese und ähnliche Verhaltensweisen wurden und werden erklärt mit: Imponiergehabe, Balzverhalten, Mimikry, listiger Trick des egoistischen Gens oder Anpassung an die natürliche Umwelt. Für die Verhaltensbiologen aus Israel sind dies unzureichende Erklärungen, falls sie überhaupt zutreffen.

Die traditionelle Verhaltensbiologie hat in der besonderen biologischen Ausprägung von Lebewesen Reaktionen auf das sie umgebende Milieu gesehen, als Zeichen der Anpassung also, die das Überleben des Individuums, der Art und letztlich der Gattung ermöglichen. Erst die in ihrem Buch „Signale der Verständigung. Das Handicap-Prinzip" vorgelegten Forschungen der israelischen Forscher Zahavi zeigen, dass die angeborenen Eigenschaften und Verhaltensweisen eines Lebewesens auch ganz anders verstanden werden können: Als Signale der Verständigung, die nicht, wie in der Evolution sonst üblich, dem Prinzip des geringsten Widerstandes folgen, sondern konträr zu diesem „Dogma" stehen: Die entscheidenden Signale, die Tiere zur inter- und intraspezifischen Kommunikation einsetzen, erfordern einen besonderen Aufwand, hohe „biologische Kosten", um erfolgreich zu sein. Seinen Zweck erfüllt ein solches Signal nur, wenn es eindeutig und nicht zu fälschen ist. Nur dann, wenn es exakt und verlässlich ist und damit notwendigerweise auch „kostspielig", also scheinbar ein Handicap darstellt, entfaltet es seine Wirkung. Ein solches Handicap stellt sich evolutionsbiologisch geradezu als Vorteil heraus. So erweitert das Handicap-Prinzip unser jetziges Verständnis der Evolution wesentlich:

Signale haben sich wie andere Merkmale durch die natürliche Auslese herausgebildet. Aber während diese anderen Merkmale ausgelesen werden, weil sie Organismen unter einem ganz direkten Nützlichkeitsaspekt effizienter machen, werden Signale ausgelesen, weil sie den Organismen auf eine Weise ein Handicap auferlegen, das allerdings die Zuverlässigkeit des Signals garantiert.

Dieses anscheinende Paradoxon – so die Forscher – verschleiert eine grundlegende Übereinstimmung zwischen der Signalselektion und der Evolution anderer Merkmale: In beiden Fällen breiten sich jene Merkmale einer Population aus, die die Chancen eines Individuums, wiederum erfolgreiche Nachfahren zu haben, erhöhen. Das trifft genauso für ein Signal zu, das ein Handicap mit sich bringt, wie für eine Körperstruktur, die ihren Besitzer handlungsfähiger macht.

Wurde in der Vergangenheit immer auch zu zeigen versucht, wie Tiere Signale einsetzen, um in die Irre zu führen, belegen die Forschungen der Zahavis, dass Signale die Absichten und Eigenschaften des Senders zuverlässig anzeigen können. Und daraus, dass das Handicap die Zuverlässigkeit eines bestimmten Signals garantiert, folgt, dass wir den Sender, die Umweltbedingungen und die Botschaft besser verstehen können, wenn klar wird, welches Handicap in einem Signal steckt.

Die Forscher sagen, dass wenn man einmal das Handicap-Prinzip als eine allgemeine Regel bejaht, man die Signale in der Natur nicht länger als reine Konventionen sehen kann. Man muss deshalb alle Signale neu bewerten – auch jene, die bisher einfach als Kennzeichen für eine bestimmte Art, Alter, Geschlecht oder irgendeine andere Einteilung gehalten wurden.

Die Ethologen beziehen unterschiedliche Verhaltensweisen des Menschen mit in ihre Untersuchungen ein und attestieren einzig der menschlichen Sprache, eine Kommunikation ohne (!) Verlässlichkeit herstellen zu können.

Ob sich daraus auch die These ableiten lässt, das hochentwickelte Bewusstsein des Menschen stelle insgesamt ein Handicap dar, wird uns noch beschäftigen. Jedenfalls erfüllt es zwei wesentliche Bedingungen (nach Zahavi):

Erstens ermöglicht es eine Form von Kommunikation, die als einmalig bezeichnet werden kann, hat die Verständigung doch im Lauf der Evolution ihr Spektrum an verfügbaren Signalen durch so wunderbare Hervorbringungen wie Poesie, Malerei und Musik quantensprungartig erweitert. Der moderne Mensch kann sich tatsächlich über innere Zustände in einer Weise verständigen, von der ein Tier „nur träumen kann"!

Und zweitens hat die Evolution keine Kosten gescheut und in einer gewaltigen Anstrengung den neuronalen Apparat des menschlichen Gehirns gigantisch „aufgerüstet", ursprünglich um die Zuverlässigkeit eines Signals, später eines ganzen Signal-Systems zu garantieren.

Für den rasanten Aufstieg des frühen Menschen kommt sicherlich der immer komplexer werdenden Kommunikation innerhalb seiner Sozialverbände eine Schlüsselrolle zu. Inwiefern stellt dieser einmalige Fortschritt auch ein Handicap für den *Homo sapiens* dar und welche Mechanismen setzten zu seiner Milderung und Handhabung ein?

3.4 Ökonomisch und / oder natürlich

Um Kosten und Nutzen geht es auch in neueren (verhaltens-) biologischen Arbeiten, die Ronald Noe u. a. unter dem Titel „Economics in Nature – Social Dilemmas, Mate Choice and Biological Markets" herausgegeben haben.

Es überrascht nicht nur Evolutionsbiologen, dass selbst die am wenigsten intelligenten Lebewesen, wie etwa Plattwürmer oder Pilze, häufig Strategien anwenden, die in den Überlegungen eines Wirtschaftswissenschaftlers nur von einem hypothetischen „superrationalen" Individuum ausgeführt werden können.

Solch optimale Verhaltensweisen können zustande kommen, weil ein über unzählige Generationen sich erstreckender Selektionsprozess das Verhalten jeder Spezies nahezu perfektionieren konnte, solange sich die Veränderung der Umstände, unter denen die Art lebt, an der Evolutionsrate gemessen, langsam genug vollzieht.

Und genau hier liegt die auf den ersten Blick überraschende Verbindung von Biologie und Wirtschaftswissenschaften: Während die menschlichen Produzenten und Konsumenten bei Adam Smith von der „invisible hand" ihres Eigeninteresses getrieben werden, zwingt bei Charles Darwin die „natürliche Zuchtwahl" die Organismen dazu, ihre Fitness zu maximieren.

Durch die Beschränkungen, die zum Leben gehören, ist jeder Organismus zu ökonomischem Verhalten gezwungen. Daraus folgt für Noe u. a., dass sich das Studium des ökonomischen Verhaltens nicht allein auf die Wirtschaftswissenschaften beschränken kann. Wissenschaftliche Disziplinen, die sich mit anderen Aspekten menschlichen Verhaltens befassen wie z. B. Psychologie und Anthropologie, müssen sich eingehend mit ökonomischen Entscheidungen als einer zentralen Triebfeder (auch) des menschlichen Verhaltens beschäftigen. Dasselbe gilt für diejenigen biologischen Disziplinen, in denen strategische Wahlmöglichkeiten individueller Organismen – etwa die des anspruchsvollen Pfauenweibchens angesichts der „augenzwinkernden" Hähne – eine zentrale Rolle spielen. Von Zahavis Handicap-Prinzip zu den „Mating markets" im Reich der Tiere und Menschen ist es kein weiter Weg. Verschiedene Autorinnen und Autoren beschäftigen sich u. a. mit Spermakonkurrenz, Modeerscheinungen und Balzarenen.

Peter Hammerstein weist darauf hin, dass es auffällige Parallelen in der Anwendung der Spieltheorie im Bereich der Wirtschaftswissenschaften und der Evolutionsbiologie gibt. In seinem Aufsatz kommt er u. a. auf das Phänomen des reziproken Altruismus zu sprechen und referiert das beeindruckende Beispiel, das Wilkinson 1984 liefert:

Weibliche Vampirfledermäuse, die unter dem Druck von Ressourcenknappheit ihr gesammeltes Blut an solche Artgenossinnen „spenden", die zuvor solch „selbstloses" Verhalten gezeigt hatten.

Unter der Überschrift „Economic behaviour in social networks" („ökonomisches Verhalten im sozialen Zusammenhang") wird dargestellt, wie sich sowohl menschliche als auch nicht-menschliche Lebewesen in „sozialen Dilemmata" befinden können. Beschrieben werden Situationen, in denen ein Individuum vor der Wahl steht: Entweder entscheidet es sich für einen sicheren, aber kleinen Profit aus einem gemeinsamen Pool oder für einen unsicheren, aber letztlich größeren Gewinn, der allerdings erst nach anfänglicher Investition in den gemeinsamen Pool eingebracht werden kann. Auch Tiere müssen das optimale Gleichgewicht zwischen eigenem Beitrag und Ausnutzung der vorhandenen Ressourcen finden und „Betrüger und Trittbrettfahrer" unter Kontrolle halten.

Am Beispiel des gegenseitigen Lausens („grooming") bei Pavianen erklären Louise Barrett und Peter Henzi das Phänomen der „Biologischen Marktplätze": Das Lausen kann in unterschiedlichen funktionalen Kontexten auftreten, um verschiedenen Grundbedürfnissen Rechnung zu tragen. Es wird angeboten, um anschließend selbst gelaust zu werden – ein ausgesprochen reziproker Vorgang von „egalitärem" Charakter. Auch wird „gegroomt", um Zugang zu Ressourcen zu erhalten oder sogar um sich die Toleranz stärkerer Konkurrenten zu „erkaufen".

Redouan Bshary untersucht den Putzerfisch (z. B. Labroides spec.) und seine „Kundschaft", die von recht harmlosen Pflanzenfressern bis hin zu gefährlichen Fischfressern einerseits und von ortsgebundenen „verlässlichen" Gästen bis hin zu solchen, die zwischen verschiedenen Standorten wechseln, andererseits reicht.

Verlässliche Kommunikation und eindeutige Signale, Bestrafungs- und Erpressungssysteme, Betrüger- und

Trittbrettfahrertum im Tierreich – der Boden scheint bereitet für die weitergehenden Fragen nach dem Ursprung von Kultur und Moral! Die Frage, ob es sich bei diesen Phänomenen um ein / das Proprium des Menschen handelt, ist vermutlich so alt wie die Menschheit selbst. Es ist dies nicht der Ort, eben jene Diskussion nachzuzeichnen. Wenn im Folgenden der Primatologe Frans de Waal und der Kulturanthropologe Michael Tomasello in einen Dialog gebracht werden, kann brennglasartig ein Licht auf die seit jeher kontrovers geführte Auseinandersetzung fallen.

3.5 Neue Begriffe ...

Ernst Mayr, ein Altvater der Biologie, sagt, dass in der Biologie Begriffe bei der Bildung von Theorien eine wesentlich größere Rolle spielen als Gesetze. Zwei wichtige Elemente bei der Formulierung neuer Theorien in den Biowissenschaften sind die Entdeckung neuer Tatsachen und die Entwicklung neuer Begriffe.

Was die Kultur betrifft, hängt das Entscheidende tatsächlich an den Begriffen bzw. Definitionen. Das macht de Waal am Beispiel des Essens deutlich: Würden wir diesen Akt durch den Gebrauch von Messer und Gabel definieren, wäre es uns erlaubt, Essen als eine rein menschliche Tätigkeit oder gar als eine des westlichen Menschen, ganz für uns zu reklamieren. Bei dieser Unterscheidung würden wir die Werkzeuge der Nahrungsaufnahme mit ihrem Zweck verwechseln.

Für de Waal ist Kultur – und er wendet sich mit seiner Definition gegen exklusive Definitionen – eine Lebensweise, die von den Mitgliedern einer bestimmten Gruppe geteilt wird, aber nicht zwangsläufig auch mit den Mitgliedern anderer Gruppen derselben Art. Sie umfasst Kenntnisse, Gewohnheiten und Fertigkeiten einschließlich zugrundeliegender Tendenzen und Vorlieben, die aus der ständigen Begegnung mit anderen und dem Lernen von ihnen abgeleitet sind. Überall dort, wo systematische Unterschiede im Hinblick auf Kenntnisse, Gewohnheiten und Fertigkeiten zwischen Gruppen nicht durch genetische oder ökologische Faktoren erklärt werden können, sind sie vermutlich kulturell bedingt. Die Frage, *wie* Individuen voneinander lernen, ist zweitrangig; es kommt lediglich darauf an, *dass* sie es tun. Somit fallen Kenntnisse, Gewohnheiten und Fertigkeiten, die von Individuen aus eigenem Antrieb erworben werden, nicht unter diesen Begriff der „Kultur".

Michael Tomasello stellt immer wieder die Besonderheit der menschlichen Kultur heraus und postuliert, dass einzig der Mensch im Lauf einer „kumulativen kulturellen Evolution" in der Lage war, die „kognitiven Ressourcen in einer Weise zu bündeln, die anderen Tierarten abgeht." Es gilt, das menschliche kulturelle Lernen von weiter verbreiteten Formen des sozialen Lernens zu unterscheiden und drei Grundtypen zu identifizieren: Imitation, Lernen durch Unterricht und Lernen durch Zusammenarbeit

Diese drei Typen kulturellen Lernens werden durch eine einzige besondere Form sozialer Intelligenz ermöglicht, nämlich durch die Fähigkeit einzelner Organismen, ihre Artgenossen als *ihnen ähnliche* Wesen zu verstehen, die ein intentionales und geistiges Leben haben wie sie selbst.

Der Kulturanthropologe geht von anderen Begriffen aus: Er unterscheidet zwischen „Emulationslernen", das auf Ereignisse in der Umwelt, aber nicht auf das Verhalten von Artgenossen ausgerichtet ist, und „Imitationslernen", das stärker sozial orientiert ist. Schimpansen traut er Ersteres zu, die zweite Form ist Privileg des Menschen. Tomasello spricht von „ontogenetischen Ritualisierungen" und meint, alle verfügbaren Belege sprächen dafür, dass „ontogenetische Ritualisierung" und nicht „Imitationslernen" dafür verantwortlich ist, dass Schimpansen kommunikative Gesten erwerben. Für den Menschen hingegen eröffnen sich „neue kognitive Räume“, es stehen „kognitive Schuhe“ zum Hineinschlüpfen und Weiterschreiten bereit und bilden so das Instrumentarium für einen einzigartigen und prinzipiell neuen Lebensentwurf.

Grundlegend für dessen Design ist das, was unser Autor den „ratchet effect“ oder „Wagenhebereffekt“ nennt: Für ihn gibt es überwältigende Belege dafür, dass Menschen tatsächlich einzigartige Formen kultureller Weitergabe benutzen. Insbesondere verändern sich die menschlichen kulturellen Traditionen und Artefakte über die Zeit in einer Weise, die man bei anderen Tierarten nicht antrifft – die so genannte „kumulative kulturelle Evolution.“

Komplexe Artefakte und soziale Praktiken des Menschen sind nicht zu einem einzigen Zeitpunkt und von einer Gruppe oder einem Individuum erfunden worden. Eine primitive Vorform wurde vielmehr verändert, verbessert und manchmal unverändert viele Generationen lang übernommen.

Der Vorgang kumulativer kultureller Evolution erfordert nicht nur Erfindungsgabe, sondern auch und ebenso sehr zuverlässige soziale Weitergabe, die ähnlich wie ein Wagenheber das Zurückfallen verhindern kann, so dass das gerade erst erfundene Artefakt oder die soziale Praktik die neue und verbesserte Form einigermaßen zuverlässig beibehält, bevor eine weitere Verbesserung hinzukommt. Es überrascht vielleicht, aber bei vielen Tierarten ist es nicht die Erfindung, sondern die stabilisierende „Wagenheberkomponente“, deren Fehlen eine Fortentwicklung verhindert.

Frans de Waal leuchtet die Argumentation Tomasellos nicht ein und spricht von einigen Bedenken, weil es offenbar keinen triftigen Grund gibt, warum Tiere besondere Probleme haben sollten, Wissen zu akkumulieren. Komplexe Abfolgen von koordinierten Handlungen wie etwa das Nüsseknacken bei Schimpansen oder das Strandungsjagen bei Schwertwalen (diese üben das Jagen von Robben am Strand) können nach seiner Auffassung nicht innerhalb kurzer Zeit erfunden worden sein. Auch tierliches Verhalten kann Endpunkt einer langen und kontinuierlichen Perfektionierung bestimmter Fertigkeiten sein, wenngleich die Weiterentwicklung früher erworbener Praktiken in einem geringeren Umfang als beim Menschen vonstatten ging und geht. Und jeder derartige Unterschied würde im Lauf einiger Generationen enorm vergrößert. Der „Wagenheber-Effekt" ist möglicherweise „die Hefe im Teig der menschlichen Kulturen".

3.6 ... und neue Tatsachen

Drei thematische Fragen versucht Frans de Waal in seinen Arbeiten zusammenzuflechten: „Wie sehen wir andere Tiere, wie sehen wir uns selbst und worin besteht das Wesen, die ‚Natur' der Kultur"? Und er macht deutlich, dass wir „Westlichen" in der Beantwortung dieser Fragen stark unter dem Einfluss bestimmter Dichotomien stehen, die zwar die Organisation unseres Denkens erleichtern aber komplexe Sachverhalte und Bedeutungsnuancen nicht sichtbar werden lassen.

Die von E. Mayr geforderten „neuen Tatsachen" drohen übersehen zu werden. Schon im Titel seines Buches („Der Affe und der Sushimeister") lässt de Waal anklingen, dass er die Forschungsergebnisse von Wissenschaftlern aus anderen, vor allem fernöstlichen Kulturen als Korrektiv für seine eigenen Untersuchungen heranziehen möchte. Durch das Absetzen der eigenen „kulturellen Brille" will er den Blick für „neue Tatsachen" freimachen.

So führt er die Leserschaft in die Kunst des Sushimeisters und seiner Lehrlinge ein: Der Lehrling schuftet im Schatten von Meistern einer Kochkunst, die am Reis die richtige Klebrigkeit, feingeschnittene Zutaten und die einfachen Arrangements, für die die japanische Küche bekannt ist, erfordert.

Wer einmal versucht hat, Reis zu kochen – de Waal spricht offenbar aus eigener Erfahrung – , mit Essig zu versetzen und mit einem Fächer abzukühlen, so dass es nach kurzer Zeit möglich war, mit den Händen frische Reisbällchen zu formen, der weiß, was für eine unglaubliche Geschicklichkeit schon allein dazu gehört, und doch ist dies nur ein Teil der Sushimeisterschaft.

Tetsuro Matsuzawa, der zusammen mit Masako Myowa-Yamakoshi am Institut für Primatenforschung der Universität Kyoto komplexere Untersuchungen über Nachahmungsverhalten bei Schimpansen durchgeführt hat, kommt zu dem Ergebnis, dass die Leistungen mancher Jungaffen möglicherweise dem entsprechen, was den Lehrling eines Sushimeisters ausmacht:

Sie beobachten das Verhalten der Mitglieder einer Gruppe unzählige Male und haben so immer wieder die Gelegenheit, mit ihnen vertraut zu werden. Sie beobachten andere aus nächster Nähe und verfolgen jede Bewegung bis ins Kleinste.

Die Ausbildung des Sushimeisters erscheint als eine Sache der passiven Beobachtung. Nicht weniger als drei Jahre sieht der Lehrling zu, ohne die Erlaubnis zu erhalten, selber Sushi zuzubereiten: Ein extremer Fall von Lernen durch reine Beobachtung ohne praktisches Üben.

Für einen Japaner stellt es kein Problem dar, das Verhalten junger Schimpansen mit den Meistern einer komplexen Kochkunst zu vergleichen; denn: Die Vorstellung einer Einheit mit der Natur führte zu einem wesentlichen Bestandteil des japanischen Zugangs zur Verhaltensforschung.

In diesem Zusammenhang widmet sich der niederländische Primatologe den kartoffelwaschenden Makaken auf Koshima, die inzwischen zum Lehrbuchbeispiel für eine tierliche Kultur geworden sind. Über mehrere Jahre hinweg haben es diese Tiere gelernt und es gelehrt, Kartoffeln im Meer zu waschen. Ausführlich geht er der Geschichte von der Entdeckung einer neuen Technik durch ein Individuum über die Weitergabe bis zum Fortbestehen dieser Gewohnheit über die Lebenszeit des Initiators hinaus nach. Denn bei der Debatte, ob Tiere eine Kultur besitzen, geht es heute weitgehend um die Frage, was und wie sie voneinander lernen. De Waal schlägt eine neue Betrachtungsweise vor, die er womöglich japanischer Inspiration verdankt: Er nimmt die Motivation des Lernens in den Blick und anstatt auf die Mechanismen der Belohnung und Bestrafung fokussiert er auf die sozialen Empfindungen und konformistischen Bedürfnisse: In derselben Weise, wie der idealtypische Lehrling des Sushimeisters jahrelang Informationen aufnimmt, ohne irgendeine Belohnung zu erhalten, beobachten Tiere ihre Artgenossen und ahmen deren Verhalten so nach, dass sie schließlich wie alle übrigen handeln.

Welches sind die Bedingungen, die für eine Nachahmung erforderlich sind? Erstens die Identifikation des Beobachtenden mit dem Beobachteten, zweitens das Verstehen des Ziels des Akteurs und drittens ein entsprechendes Hintergrundwissen, so listet de Waal auf und verlässt nun das ferne Japan, um im Umfeld des Yerkes Primate Centers in Atlanta, Georgia, fündig zu werden. Hier kommt es vor, dass Schimpansen als Adoptivkinder von Menschen aufwachsen und aufgrund ihrer Vertrautheit mit ihren neuen „Eltern" Verhaltensweisen zeigen, die durchaus als Nachahmen im obigen Sinn verstanden werden können.

In Versuchen, die Michael Tomasello und seine Mitarbeiter durchführten, zeigte sich ebenfalls, dass Affen, die wie Menschenkinder aufgezogen wurden, beim Nachahmen ebenso gut abschnitten wie zweijährige Kinder, während Affen, die bei ihren Artgenossen aufwuchsen, sehr schlechte Ergebnisse erzielten. Aber anstatt daraus zu schließen, dass Affen beim Nachahmen mit kleinen Kindern mithalten können, wenn beide mit dem Beobachteten vertraut sind, kommen sie zu dem Ergebnis, dass unter Menschen aufgewachsene Affen „enkulturiert“ seien: Indem sie behaupten, Affen seien zur Nachahmung weitgehend unfähig, solange sie nicht vom „leuchtenden Licht der Menschheit“ profitieren, lassen diese Forscher die Grenze zwischen Menschen und Affen unangetastet.

Hier nun scheiden sich die Geister deutlich: Für den Kulturanthropologen erweist sich die Fähigkeit zum Rollenwechsel und zur Identifikation mit einer anderen Person als der entscheidende Schritt, der Menschen- von Affenkindern trennt. Für den Primatologen erweisen Schimpansen gerade in ihrer Fähigkeit, menschliche Adoptiveltern nachzuahmen, ihr hohes Maß an Kulturfähigkeit, sodass die Grenzen zwischen Mensch und Tier künstlich erscheinen.

Es sei die Frage erlaubt, ob Michael Tomasello durch einen ähnlichen „Brillenwechsel“ wie ihn sein niederländischer Kontrahent vorgenommen hat, nicht auch „neue Tatsachen“ sehen würde, nämlich durch die Optik der von ihm untersuchten Kinder?

Schon S. Freud wusste: „Das Kind zeigt noch keine Spur von jenem Hochmut, welcher dann den erwachsenen Kulturmenschen bewegt, seine eigene Natur durch eine scharfe Grenzlinie von allem anderen Animalischen abzusetzen. Es gesteht dem Tiere ohne Bedenken die volle Ebenbürtigkeit zu; im ungehemmten Bekennen zu seinen Bedürfnissen fühlt es sich wohl dem Tiere verwandter als dem ihm wahrscheinlich rätselhaften Erwachsenen.“

3.7 Altruismus versus Egoismus

Was haben Graudrosslinge und Mutter Teresa gemeinsam? Laut Duden zeigen beide eine „durch Rücksicht auf andere gekennzeichnete Denk- und Handlungsweise.“ Das großartige Engagement der Ordensfrau in Kalkutta ist inzwischen sprichwörtlich, das Verhalten der Vögel in gewisser Weise problematisch: Graudrosslinge (*Turdoides squamiceps*) tun vieles, was wir als uneigennützig bezeichnen würden: Wenn sie fressen, hält ein Gruppenmitglied Wache, das offenkundig selbst hungrig ist; wenn menschliche Beobachter ihm Nahrung anbieten, nimmt er sie oft gierig. Trotzdem wacht er, wenn er fressen könnte. Graudrosslinge geben Nahrung oft an andere Mitglieder ihrer Gruppe weiter, obwohl sie offensichtlich selbst noch nicht gesättigt sind. Sie bringen sich in Gefahr, indem sie Schlangen und andere Beutegreifer lauthals angreifen, und sie gefährden sich, indem sie Artgenossen beistehen und sogar solche „retten", die in ein Netz gerieten. Überdies beteiligen sie sich an der Brutpflege der Jungen anderer Gruppenmitglieder. Für die Zahavis, die durch das Handicap-Prinzip inzwischen bekannt sind, ist klar, dass der Altruist an Status oder Prestige gewinnt.

Wir sind nun mitten in der lang andauernden und kontrovers geführten Diskussion um das Problem der evolutiven Entwicklung ethisch normierten Verhaltens. Nicht nur die Arbeiten de Waals erhärten die These, dass zwischen amoralischem und moralischem Verhalten eine kontinuierliche, evolutive Entwicklungslinie besteht und dass sie die Entstehung des letzteren aus dem ersteren evolutionsbiologisch auch als einen Anpassungsvorgang erklären lässt.

3.8 Gut und Böse

Seit dem bahnbrechenden Werk „Das so genannte Böse" von Konrad Lorenz und den sensationellen Berichten von Jane Goodall und Dian Fossey über ihr Leben mit Schimpansen und Gorillas wissen wir: Unsere „Vettern" in der Evolution sind Lebewesen mit hochkomplexem Verhalten, bei dem Aggression, aber auch Zuneigung und Gemeinschaftsgefühl eine zentrale Rolle in ihrem Überleben spielen.

Im Folgenden soll wieder Frans de Waal zu Wort kommen, der mit seinem „guten Affen“ (so ein Buchtitel) an Lorenz / Goodall /Fossey anschließt und in seiner Argumentation John Dewey folgt. Dessen schon genannter „Gegenspieler“ Thomas Henry betrachtet die Natur als gleichgültig und tückisch und beschreibt in seiner Vorlesung „Evolution und Ethik“ die Moral als das vom Menschen „geschmiedete Schwert, um den Drachen seiner tierischen Herkunft zu schlachten.

Zwar mögen die Gesetze der physikalischen Welt unveränderlich sein, aber ihre Auswirkungen auf das Leben des Menschen können abgeschwächt und umgeleitet werden: Bei der moralischen Höherentwicklung der Gesellschaft geht es nicht darum, das kosmische Geschehen nachzuahmen, noch weniger darum, ihm zu entfliehen, sondern darum, es zu bekämpfen.

Weiter vergleicht Huxley die Beziehung zwischen Ethik und menschlicher Natur mit der zwischen Gärtner und Garten, wobei der Gärtner sich in einem ständigen Kampf befindet.

Für Dewey hingegen ist ein guter Gärtner der, der ebenso mit wie gegen die Natur arbeitet, einer, der gute Bedingungen schafft und Pflanzenarten einführt, die auf diesem speziellen Stück Land normalerweise vielleicht nicht vorkommen, „sich aber in die Natur als Ganzes und in ihre Regeln fügen“ – ein wahrer Biogärtner!

Frans de Waal schließt sein Werk mit dem schönen grünen Bild und sagt, dass Gärtner und Garten eins sind. Das menschliche Gefühl für Moral reicht so weit in die Evolutionsgeschichte zurück, dass andere Spezies Anzeichen davon erkennen lassen, und dies weist der Moral einen Platz in unserer vielgeschmähten Natur zu.

Weder ist sie also eine neue Erfindung von uns Menschen noch eine dünne Schicht, die eine tierische und selbstsüchtige Anlage überdeckt. Sie nimmt einen bestimmten Raum in unserem Gehirn ein, wirkt auf unsere

Mitmenschen ein und ist genauso ein Teil von uns wie die Neigungen, die sie im Zaum hält.

Die de Waalsche Argumentation wird geleitet von seiner These, wonach bewusstes Gemeinschaftsinteresse den Kern menschlicher Moral darstellt. Dies definiert er als „Interesse jedes einzelnen an der Förderung jener Eigenschaften der Gemeinschaft oder Gruppe, die die Vorteile mehren, die sich für diesen einzelnen und seine Sippschaft aus dem Leben in ihr ergeben."

Diese Definition ist für ihn unabhängig von bewussten Motiven oder Absichten; sie geht lediglich von der Vorteilhaftigkeit eines bestimmten Verhaltens aus. Für die Entwicklung eines Gemeinschaftsinteresses spielt die Tatsache, ob es einem Tier bewusst ist, wie sein Verhalten auf die Gesamtgruppe wirkt, nicht die entscheidende Rolle. Durch den Hinweis auf unterschiedliche Verhaltensstrategien u. a. in Schimpansengesellschaften erhöht de Waal die Plausibilität seiner Argumentation:

Er liefert Beispiele für „kognitive Empathie", d. h. eine Anpassungsleistung von Affen an dauerhaft behinderte Angehörige ihrer Art; berichtet wird von Tieren mit deutlicher Angst vor Bestrafung: Wenn der Wunsch, zu einer Gruppe oder einem Partner zu gehören und mit ihm / ihr im Einklang zu leben, ein leitendes Motiv ist, kann hier von den ersten „Stadien der Übernahme einer menschlichen Moral" gesprochen werden.

Hierhin gehören auch die Phänomene „Respekt vor Autorität", „Erwartung und Intentionalität", „explizite, strategische Versöhnungen" und deren „Feier" und „Ansätze eines Schuld- und Schamgefühls".

Am Ende überzeugt de Waal m. E. dadurch, dass er kein Plädoyer für die prinzipielle Gleichheit von Mensch und Tier in ihren (vor-) moralischen Verhaltenstrategien ableitet. In deutlicher Abgrenzung zu Peter Singer u. a. kommt er zu folgendem Schluss: „Ist es mit uns wirklich so weit gekommen, dass Respekt vor Menschenaffen am wirkungsvollsten eingefordert wird, indem wir sie als geistig zurückgebliebene Menschen im Pelzgewand darstellen? Und da wir gerade dabei sind, warum sollten wir dann nicht einen Pavian als geistig zurückgebliebenen Menschenaffen einstufen? Und das würde kein Ende nehmen: Sobald man Menschenaffen aus solch fragwürdigen Gründen einen gleichen Status zugesteht, gibt es keine Notwendigkeit, Kakerlaken davon auszuschließen. Für mein Gefühl muss die den Tieren eigentümliche Schönheit und Würde unser Ausgangspunkt sein."

4. Und wenn sie ein Bewusstsein haben?

In seinem berühmten Vortrag von 1872 mit dem Titel „Über die Grenzen des Naturerkennens" sagte Emil du Bois-Reymond, einer der Begründer der experimentellen Physiologie, Folgendes: „(…) es tritt nunmehr, an irgend einem Punkt der Entwicklung des Lebens auf Erden, den wir nicht kennen und auf dessen Bestimmung es hier nicht ankommt, etwas Neues, bis dahin Unerhörtes auf, etwas (…) Unbegreifliches. Der in negativ unendlicher Zeit angesponnene Faden des Verständnisses zerreißt, und unser Naturerkennen gelangt an eine Kluft, über die kein Steg, kein Fittich trägt: wir stehen an der (…) Grenze unseres Witzes. Dies (…) Unbegreifliche ist das Bewusstsein.

Ich werde jetzt, wie ich glaube, in sehr zwingender Weise dartun, dass nicht allein bei dem heutigen Stand unserer Kenntnis das Bewusstsein aus seinen materiellen Bedingungen nicht erklärbar ist, was wohl jeder zugibt, sondern dass es auch der Natur der Dinge nach aus diesen Bedingungen nicht erklärbar sein wird." (Vorträge, S. 65) Mit der sprichwörtlichen Auskunft „Ignorabimus" – wir werden es nicht wissen – schloss er den Vortrag.

Etwa einhundert Jahre später befand sich die Verhaltensbiologie mitten in ihrer Auseinandersetzung mit dem

Behaviorismus (vgl. Kap 1.2; 2.1). Die wissenschaftsgeschichtliche Bedeutung dieser Ära ist wahrscheinlich nicht zu unterschätzen, hat sie doch zu notwendigen Begriffsklärungen und behutsamen Annäherungen an das explosive Thema geführt. Wie wir gesehen haben, hat die Ethologie somit dem „Ignorabimus" einige Erkenntnisse entgegengesetzt:

Erstens hat sie aufgezeigt, dass Emotionen und Gefühle die Grundvoraussetzung für die Entwicklung eines Bewusstseins darstellen (vgl. Kap. 2.2). Untrennbar sind sie mit der Logik des Überlebens verbunden.

Die Beschreibung des Phänomens Selbstbewusstsein wurde durch Beobachtungen von Verhaltensweisen, die ein „präreflexives Mit-sich-vertraut-Sein" (vgl. Kap 1.6) plausibel machen, ergänzt.

Zweitens wurde deutlich, dass Tiere nicht nur „psychologische Naturtalente" sein können (vgl. Kap 1.4), ihr Verhalten also auf dem Weg der „sozialen Kognition" beeinflusst wird (vgl. Kap 1.7); darüber hinaus komplettieren u. a. die Fähigkeit zu lernen und zu einsichtigem Verhalten (vgl. Kap 1.2), kurzfristiger Planung (vgl. Kap 1.3) und Fähigkeit zur Begriffsbildung und damit zur Symbolverarbeitung vor (!) dem Gebrauch von Sprache (vgl. Kap 1.3) den Kriterienkatalog „bewusstes Verhalten".

Komplexität stellt sich als ein wesentliches Kennzeichen des Bewusstseins heraus (vgl. Kap 1.5) und verweist so auf den engen Zusammenhang zwischen inneren – intelligenten – Reaktionen eines Tieres und äußeren ökologischen und sozialen Parametern.

Schließlich wurde deutlich, dass der Bereich der intra- und interspezifischen Kommunikation für die Entwicklung des Bewusstseins von nicht zu unterschätzender Bedeutung ist (vgl. Kap 1.6; 3.3).

Und im Zusammenleben höherer Primaten etwa sind Phänomene wie „kognitive Empathie" (vgl. Kap 3.8) und kulturelles Lernen durch Imitation, Unterricht und Zusammenarbeit (vgl. Kap 3.5) unverzichtbare Elemente ihres Überlebens und somit des bewussten Miteinanders.

Für die Arbeiten von Jane Goodall, Marian Stamp Dawkins, Gerti Dücker, Konrad Lorenz, Bernhard Rensch, u. a. stellt die Auseinandersetzung mit philosophischen Denkfiguren ein wesentliches Element dar. Begriffe wie „Ockhams Messer“, „Fulguration“ und „Emergenz“ gehören selbstverständlich in ihr Repertoire und zeigen ein hohes Maß an interdisziplinärem Interesse.

Ob das generelle Desinteresse an interdisziplinären Dialogen, das Thomas Metzinger hingegen noch 1995 der akademischen Philosophie attestierte und mit einem Ressentiment gegenüber den empirischen Wissenschaften verbunden sah, mit dem Verdikt Bois-Reymonds zusammenhängt oder mit dem Erscheinungsbild jener empirischen Wissenschaften, kann uns hier nicht interessieren.

Festzustellen ist allerdings, dass in dem von Metzinger herausgegebenen Textband „Bewußtsein“ lediglich die Neurowissenschaften als Gesprächspartner der Philosophie auftauchen.

Bevor wir im Folgenden den Versuch unternehmen, die gesammelten ethologischen Daten – mit den bereits dort formulierten Annäherungen an das Phänomen Bewusstsein – mit dem philosophischen Diskurs in Verbindung zu bringen, ist ein kurzer Blick auf dessen begriffliche Grundlagen erforderlich.

4.1. Begriffsklärung

In der philosophischen Tradition ist Bewusstsein häufig als eine höherstufige Form des Wissens aufgefasst worden, die sich sowohl auf das Wissen oder die Vorstellung als auch auf das Begehren oder Wollen beziehen kann. Innerhalb dieser klassischen Denkfigur ist Bewusstsein dann eine spezifische Form inneren Wissens, die mentale Vorgänge begleiten kann.

Als zweites wichtiges Bedeutungselement ist das der „Zusammenschau“ zu sehen, welches die vereinheitlichende Leistung des bewussten Erlebens in den Mittelpunkt rückt.

Für den modernen Bewusstseinsbegriff der „cogitatio“ zeichnet natürlich kein anderer verantwortlich als René Descartes selbst, mit dem gleichzeitig die typisch neuzeitliche Form des Leib-Seele-Problems auftauchte.

Der substantivierte Infinitiv „Bewust seyn“ wurde schließlich 1719 durch Christian Wolf in die deutschsprachige Terminologie eingeführt. Inzwischen hat sich eine unüberschaubare Vielfalt von neuen Bedeutungen und Kontexten ergeben; den Kern der philosophischen Diskussion bildet nach Auskunft Metzingers der Begriff des „phänomenalen Bewusstseins“, womit der Aspekt des bewussten Erlebens gemeint ist. Es geht also um Bewusstsein, wie es sich uns im konkreten Erleben aus der Perspektive der ersten Person zeigt.

Peter Bieri zeigt, dass das Rätsel des Bewusstseins dann entsteht, wenn wir uns für den Aspekt interessieren, der mit dem Stichwort „Erleben“ verbunden ist, und kann damit an das Kapitel „Emotionen im Tierreich“ anknüpfen: Bewusstseinszustände gibt es nicht einfach nur, sie fühlen sich auf bestimmte Weise an und sie sind dabei an die Innenperspektive eines erlebenden Wesens gebunden. Es ist dieser subjektive Aspekt des bewussten Erlebens, von dem unklar ist, wie er sich aus seinen materiellen Bedingungen heraus erklären lassen sollte.

Für Dieter Henrich kommt es darauf an, Bewusstsein so zu beschreiben, dass es weder bewusste Selbstbeziehung noch Identifikation mit sich ist, jedoch zugleich so, dass zugestanden bleibt, mit Bewusstsein unmittelbar vertraut zu sein, so dass kein Fall von Bewusstsein möglich ist, in dem Zweifel hinsichtlich der Tatsache laut werden könnten, dass Bewusstsein besteht.

Bewusstsein wird also zunächst als ichlos gedacht

und infolgedessen auch als ein Sachverhalt, der allen zielgerichteten Leistungen vorangehen muss und der deshalb auch dem selbstbewussten Ich vorausliegt.

Somit markiert Henrich seine Nähe zu den ethologischen Ergebnissen bezüglich des „präreflexiven Mit-sich-vertraut-Seins“ auch bei Tieren.

4.2. Ohne den „Schatten des Ich“

Anders als in den Aufsätzen, die Thomas Metzinger unter der Überschrift „Bewußtsein“ herausgegeben hat, bezieht Dieter Henrich die Tiere in seine Bewusstseinstheorie ein. So ist es für ihn kein Problem, sich Lebewesen vorzustellen, die über „die Idee der eigenen Identität verfügen“, aber „unüberwindliche Schwierigkeiten darin finden, von ihr einleuchtenden Gebrauch zu machen.“

Vorraussetzung für jede Rückbeziehung des Ich auf sich selbst ist eine Vertrautheit mit sich, die von der Art sein muss, dass es sich auf sich zu beziehen vermag. Für Henrich ist in diesem Zusammenhang der Behaviorismus in seiner radikalen Reduktion von Bewusstsein abzulehnen, weil dieser das Phänomen des Mit-sich-vertraut-Seins, das auch im Tierreich zu finden ist, als irrelevant verwirft.

Eberhard Winterhager, der sich in der Tradition Henrichs sieht, verspricht sich von der Beschäftigung mit den Tieren eine große Chance; denn ihnen fehlt jener „Schatten des Ich“, der die Einsicht in das „ursprüngliche Bewusstsein“ erschwert. Dieses ist von zwei Seiten her „rekonstruierbar“: Die Einbeziehung höherer Tiere und kleiner Menschenkinder in die Untersuchung ergänzt dasjenige, was wir selbst unmittelbar an unserem Bewusstsein erfassen können.

Eberhart Winterhager begründet dies so: Tatsächlich haben die von Henrich ins Feld geführten Bewusstseinsphasen, in denen das beschriebene Bewusstsein in Reinform gegeben sein könnte, den Vorteil, irgendwie der Selbsterfahrung jedes selbstbewussten Subjektes zugänglich zu sein. Andererseits bleibt diese unmittelbare Zugänglichkeit nicht unberührt, nämlich durch die Tatsache, dass ein solches Subjekt ja ein Selbstbewusstsein haben muss und dieses deshalb alle anderen Bewusstseinsphasen „überschattet“; somit könnte der Vorwurf entstehen, die Phasen, in denen sich das „reine Bewusstsein“ ausprägt, wären durch bloße Fiktion gewonnen.

Wenn dies auch keineswegs logisch erscheint, ist für Winterhager dennoch die Einbeziehung solcher Individuen in die Betrachtungen sinnvoll, deren Bewusstsein nicht unmittelbar zugänglich ist, die aber Verhaltensweisen zeigen, welche ohne die Annahme eines Bewusstseins nicht erklärlich sind. Bei Kindern und höheren Tieren fehlt der „Schatten des Ich“, der eine Einsicht in das ursprüngliche Bewusstsein erschwert.

In den siebziger Jahren des vergangenen Jahrhunderts hörte sich die Begründung für einen solchen – behavioristisch strengstens beäugten – Brückenschlag so an: „Es muss im Zusammenhange einer beabsichtigten philosophischen Erwägung paradox wirken, wenn in der Folge von Hunden und mehr noch von Affen die Rede ist. Aber wahrscheinlich sind viele Philosophen dazu bereit, auch hinsichtlich solcher ‚Monaden‘ das Bestehen philosophischer Probleme anzuerkennen; mehr jedenfalls als die, die jemals dazu kommen, dieses Problem auch ins Auge zu fassen. Dass es so ist, sieht man sehr bald als plausibel ein: Immer geht es vorrangig darum, zunächst einmal den Menschen zu begreifen, besonders den Menschen in seinem ‚Sein‘ und in seinem Erkenntnisvermögen; da man sich damit aber schon unerschöpfliche Probleme aufhalst, werden die Tiere eben nur selten gestreift.“ (Winterhager, Sich-Haben, S. 35)

So spricht Eberhard Winterhager von einem „Sich-Haben“ der Tiere, das sich auf „eine exponierte Stellung ihres

Organismus in ihrem Bewusstsein" beschränkt. Auch bei einem Hund muss hinsichtlich des Bewussten eine Kenntnis bestehen, aber schon die Zuordnung des Bewussten zum Bewusstsein ist nicht mehr bekannt; das ginge über das schlichte Kennen des Bewussten hinaus; aber, so Winterhager weiter: „Ein Hund, der knurrt, wenn sich ihm ein bedrohliches Wesen nähert, braucht dazu keine Kenntnis der Zuordnung von Bewusstsein und Körper, schon kraft der faktischen Zuordnung ist eben unmittelbar er selber bedroht." (Ebd.)

Somit ermöglichen schon bei Hunden soziale Kontakte die „Organisation des Bewusstseins", der eine „Potenz" vorausgehen muss: Zunächst muss bei allen betrachteten Tieren „ein Bewusstseinsfeld" vorliegen, das „durch die jeweilige organische Rezeptionsfähigkeit bedingt" und dessen Inhalt nicht schon „durchgehend bewusst" ist. Zudem braucht es „organisierende Aktivitäten", die bei der Geburt des Lebewesens nur erst einen Teil des Bewusstseinsfeldes belegen; deshalb ist das junge Tier und mehr noch das Menschenkind vom Kontakt entscheidend abhängig, und „mit Hilfe des sozialen Kontaktes vermag es sich über Versuch und Irrtum des Bewusstseinsfeldes zu bemächtigen."

Auch für Winterhager kommt diesem sozialen Kontakt eine ganz hohe Bedeutung zu; denn bei dessen Fehlen verstreicht auch schon beim Tier jede experimentierende Spielphase ungenutzt, und die grundgelegte Fähigkeit und Anlage verkümmert.

Auch unser Philosoph rekurriert auf die Spiegeltests mit Menschenaffen und erkennt im „Erfolg" dieser Tiere einen „qualitativen Sprung" hinsichtlich des Selbstbewusstseins. Das „Mehr" gegenüber dem Hund ist eine Art „reflexives Moment", worin der Schimpanse gewissermaßen „hinter seinen Organismus" kommen muss, um ihn als identischen erfassen zu können. Das „Sich-Haben" des Affen ist dabei nur durch die einmal stattgefundene Abgrenzungsleistung gegenüber Artgenossen möglich.

Beim Menschen kommt das an die Sprache gebundene Denken hinzu; denn dadurch wird das „reflexive Moment" „voll" auf seine Möglichkeiten hin ausgeschöpft: Wenn auch für den Hirnforscher Antonio Damasio, wie wir gesehen haben, (1) Bewusstsein ganz eng mit der Aufrechterhaltung und Regulierung des Lebens verbunden ist, (2) die spontane Reaktion auf soziale und ökologische Parameter darin eine Schlüsselrolle innehaben und somit (3) eine Reduktion des Phänomens auf neurologische Prozesse überwunden werden kann, dann hat Eberhard Winterhager, in der Tradition Dieter Henrichs stehend, mit seinen hier kurz skizzierten Erwägungen deutliche Verbindungslinien zwischen ethologischer und philosophischer Debatte aufgezeigt.

5. *Verhaltensbiologische Erträge oder: Es geht um's Ganze!*

Es geht eben um das komplexe Zusammenspiel von emotionalen, kognitiven, ökologischen und sozialen Parametern im Leben eines Tieres, die ihm eine optimale Anpassung an seine Umwelt ermöglichen!

Die in der modernen Verhaltensbiologie gewonnenen Erkenntnisse lassen uns die Tiere nicht nur in einem anderen Licht sehen – zugleich lassen sie Rückschlüsse auf unsere eigene Evolution zu.

Eine über Millionen Jahre hin verlaufene Evolution hat Lebewesen hervorgebracht, die einerseits durch ihr Verhalten innerhalb relativ stabiler Ökosysteme zu deren Erhalt beitragen und andererseits durch komplizierte und aufeinander abgestimmte Parameter optimal für eine Existenz im „Hier und Jetzt" angepasst sind.

Als „archimedischer Punkt" – so haben wir im Kapitel über die Emotionen im Tierreich gesehen – dient der

Gedanke, dass sowohl das Bewusstsein als auch alle körperlichen Funktionen letztlich nur einem Ziel dienen: Der (Vor-)Sorge des Organismus um sein (Über-)Leben. Und als die entscheidenden Bindeglieder zwischen Körper und Geist fungieren die Gefühle und Emotionen.

Jedes Mal, wenn ein Tier ein Objekt wahrnimmt – und die Wahrnehmung kleinster Veränderungen im Umfeld oder im Verhalten von Artgenossen, Feinden oder Beutetieren muss um des Überlebens willen exakt sein – ändert sich etwas innerhalb des Organismus. Dies sind zunächst einfache (Stoffwechsel-)Prozesse, die körperliche Emotionen entstehen lassen, die dann im Gehirn zu Gefühlen verarbeitet werden und auf den Körper und die Verhaltensweisen zurückwirken.

Dem Gehirn kommt dann auch die Aufgabe zu, diese Veränderungen auf einer zweiten Ebene zu registrieren und damit die Frage zu beantworten: Wem widerfährt all dies?

Dass Tiere nicht einfach als Reiz-Auslöser-Maschinen funktionieren, sondern im Rahmen ihrer ökologischen, sozialen und emotionalen Intelligenz angemessene Verhaltensweisen an den Tag legen – und darüber hinaus bestimmte Situationen „im Kopf vorher durchspielen" können – hat uns u. a. das Kapitel über die Denkwege im Tierreich gezeigt. Lernen und Erinnern, Einsicht nicht nur in bestimmte Verhaltensweisen, sondern auch in das Innenleben von Artgenossen, gehören in das Spektrum tierlicher Denkleistungen und lösen somit das Phänomen Denken aus einer engen neurobiologischen und anthropozentrischen Simplifizierung.

Zudem wird dadurch noch klarer, dass der Mensch im Rahmen seiner Einsicht in die Beweggründe tierlichen Verhaltens erst am Anfang steht. Wenn es gelingt, „kulturelle Brillen" abzusetzen und mehr und mehr „the animal's point of view" einzunehmen, dann erscheinen auch die im Menschen so hochentwickelten Begabungen wie Kultur und Moral in einem anderen Licht; sind sie doch nicht vom Himmel gefallen. Im Tier sehen wir immer noch uns selbst!

Die Selbstüberwindung – so Dieter Henrich – ist „der Königsweg zur Selbsterkenntnis und die rechte Weise, sich selber zu gewinnen." Für ihn ist der Gedanke vom Bewusstsein als „ich-losem Grund des Selbstbewusstseins" zentral, und er verweist auf die Philosophie des Ostens: Es geht um ein Verstehen, in dem „das Selbst die Reflexion als eigentliche Definition seiner Wirklichkeit und Würde" überwindet und eine andere Art von Bewusstsein ermöglicht.

Dem Menschen ist jedoch eine Rückkehr in den „Zustand einer Leere der bloßen Bewusstheit" nur in Grenzfällen (etwa in der Meditation) möglich, aber er kann sich so eine Ahnung von dem verschaffen, was „das Gewahren in Tieren" ist, mit denen wir mehr gemein haben, als die Reflexionstheorie des Bewusstseins bisher zugeben konnte: Sie konnte nicht umhin so D. Henrich, alles menschliche Bewusstsein in Selbsttätigkeit aufgehen zu lassen und zwischen uns und den Tieren einen unendlichen Abstand einzurichten, der für Jahrhunderte skandalösen Verhaltens ihnen gegenüber mit verantwortlich gemacht werden muss.

Es bleibt aber dennoch wahr, dass menschliches Bewusstsein durch die Möglichkeit der Reflexion zu definieren ist. Und die Freiheit, die in ihrer Überwindung als selbstgenügsames Prinzip entsteht, ist nur die Freiheit, sie in der rechten Weise zu gebrauchen.

VI. Das Tierbild innerhalb der Theologie des Nikolaus von Kues

„Auch der Gattung nach ist der Mensch nicht hoch zu schätzen, außer in der Einheit und Ordnung der Lebewesen.“ (DC II, S. 207) So hört sich nicht jemand an, der sich von der darwinschen Evolutionstheorie und den Ergebnissen der modernen Verhaltensbiologie in ihrer Nachfolge gekränkt fühlen würde. Ebenso wenig übrigens wie von den astronomischen des Herrn Kopernikus: Für Nikolaus von Kues (1401–1464) als ideen- und wissenschaftsgeschichtlichen Vorgänger des anderen Nikolaus ist die Erde schlicht und ergreifend „ein edler Stern“ unter anderen Sternen, der „kleiner als die Sonne ist und von ihr beeinflusst wird.“ (DI, 1, S. 403)

Tatsächlich spricht man mit Sigmund Freud von den drei Kränkungen, welche die Menschheit in der Neuzeit erleiden musste. Es handelt sich dabei um wissenschaftliche Erkenntnisse und Umbrüche, welche das Selbstverständnis des Menschen wesentlich beeinflussten und seine Sonderstellung in Frage stellten:

Da war zuerst der Übergang vom geo- zum heliozentrischen Weltbild, in dessen Folge sich der Mensch unbedeutend und einsam angesichts des unermesslichen Weltalls fühlen musste. Seit Darwin ist zudem die Sonderstellung des Menschen unter den Lebewesen fraglich geworden. Und Freud schließlich hat aufgezeigt, dass der Mensch nicht einmal „Herr im eigenen Hause“ ist, sondern in hohem Maß von unbewussten Antrieben bestimmt wird.

Schon die eingangs zitierten Sätze lassen berechtigte Zweifel darüber aufkommen, dass der Cusaner gekränkt wäre, würde man ihn mit den verhaltensbiologischen Aussagen zum Denken, Fühlen und Handeln der Tiere und ihrer unübersehbaren und schwer zu leugnenden Nähe zur vermeintlichen „Krone der Schöpfung" konfrontieren. Er, der sich selbst unter die „Jäger der Weisheit" („venatores sapientiae") zählt, zeigt sich eher als Problem-, denn als Systemdenker. Ob die Weite seines Denkens – nach Auskunft Eugen Bisers – die Frucht einer gelungenen Kombination von „römischer Klarheit und deutscher Innerlichkeit" darstellt; ob Cusanus der erste „moderne Denker" ist – so Ernst Cassirer und Karl Jaspers – oder ob in seinem Werk gerade die Kontinuität mit der mittelalterlichen Tradition aufleuchtet, und ob schließlich seine Schriften nur deshalb noch zu lesen sind, weil die katholische Kirche zur Zeit des Abschlusses des Mittelalters „extrem liberal" war – auf diese Fragen kann hier nicht näher eingegangen werden. Es soll vielmehr aufgezeigt werden, dass im Denken des Kardinals vernünftige Alternativen zur Logik und Praxis der „Interplanetarier" liegen.

Die cusanische Philosophie birgt jene Kräfte, welche uns helfen können, die interplanetarisch-hausgemachte Krise zu überwinden und zugleich den Tieren jenen Platz in der Theologie zuzugestehen, den ihnen die Bibel zugewiesen hat. Im Folgenden soll daher der Schöpfungstheologe und der Anthropologe Nikolaus zu Wort kommen.

1. *„Deine Schau nämlich verleiht das Sein, weil sie Deine Seinsheit ist"*

„Trachte ich, euch in menschlicher Weise zum Göttlichen zu führen, so muss dies auf dem Weg des Gleichnisses geschehen. Unter den menschlichen Werken aber fand ich kein Bild, das unserem Vorhaben besser entspräche als das des Alles-Sehenden. Ich meine ein solches Bild, das durch außerordentliche Kunst der Malerei so wirkt, als ob es alles ringsum überschaue." (VD III, S. 95)

So beginnt Nikolaus seine Schrift „De visione Dei"

und beschreibt angesichts eines Gemäldes seines Zeitgenossen Rogier van der Weyden die Weise, wie sich Gott zur sichtbaren Welt verhält. Es zeigt offenbar ein Selbstbildnis des Malers, dessen Blick den Betrachter nicht aus den Augen lässt, auch wenn dieser sich bewegt. Das gilt auch, wenn etwa zwei Staunende vor dem Bild von links und rechts aufeinander zugehen, d. h. der Blick folgt beiden zugleich.

So sagt Nikolaus: „Und während er darauf achtet, dass dieser Blick niemanden verlässt, wird er gewahr, dass er um jeden einzelnen so Sorge trägt, als ob er sich allein um ihn, der erkennt, dass er angeblickt wird, kümmern würde und um keinen anderen; und das so sehr, dass derjenige, den er anblickt, nicht zu begreifen vermag, dass er auch um einen anderen Sorge trägt. So wird er auch sehen, dass er dem geringsten Geschöpf die gleiche eifrige Sorge widmet wie dem größten und dem ganzen Gesamt. Durch solche sinnliche Erscheinungen möchte ich euch (…) mittels einer Art Andachtsübung zur mystischen Theologie empor führen (…)". (VD III, 99)

Sein durch Ansehen – eine durch menschliche Erfahrungen durchaus einholbare Aussage: Respekt lässt den anderen groß werden, im liebevollen Angeschaut-Werden kann die andere sich entfalten.

Gott ist nun in diesem Bild des Cusaners derjenige, der jedes Geschöpf gleichermaßen liebevoll anschaut. Unser Denker reagiert somit grundsätzlich anders auf das neu aufkommende Weltbild und das von ihm schon vorgedachte kopernikanische Weltbild: Darin ist Gott mit jedem Ding und Lebewesen ganz. Er hat allen das Sein gerade so mitgeteilt, wie sie es aufnehmen können.

Nikolaus geht mit dieser Metapher noch einen Schritt weiter; er möchte aufzeigen, dass es nicht beim bloßen Angesehenwerden bleibt und Gott nicht eine Welt schafft, die ihm gegenüber etwas anderes ist, sondern dass er sich darin selber bildet.

Kurt Flasch erinnert daran, dass dieser Gedanke, Gottes Erschaffen sei zugleich sein eigenes Erschaffenwerden, von Johannes Scotus Eriugena (ca. 810–877) stammt. Beim Cusaner bedeutet er, dass „die absolute Einheit alles in sich enthält, alles in sich erkennt, alles in sich erschafft, also sich selbst schafft.“ (Flasch, Metaphysik, S. 284)

Spätestens hier kann das Phänomen auftauchen, das Klaus Michael Meyer-Abich „Pantheismus-Furcht“ und Heike Baranzke „Pantheismus-Allergie“ nennt, beiden aber wenig Angst macht. Vielmehr kann die cusanische Philosophie dazu beitragen, den Pantheismus endlich aus seiner religiösen Verdrängung hervorzuholen und das bisher in einer schmerzlichen Weise ungeklärte Verhältnis Gottes zur Welt neu zu bestimmen. Dazu gehört freilich das Zugeständnis, dass die christliche Theologie hinsichtlich des Verhältnisses von Natur und Gott bisher ein Thema vermieden und dementsprechend auf das Eingehen Gottes in die Welt abwehrend reagiert hat.

Es gibt keinen Gott, den „es gibt“, wird D. Bonhoeffer lange nach Cusanus sagen; einen Gott, den es neben anderem, der Welt und seiner Schöpfung auch noch gibt, ist nicht Gott, sondern ein Götze. Es gilt, an der geheimnisvollen und letztlich nicht zu begreifenden Gegenwart Gottes in seiner Schöpfung festzuhalten. Der Gott, von dem auch die Bibel spricht, hat die Welt nicht so „gemacht“ wie wir Menschen Dinge anfertigen – Schöpfung ist etwas grundsätzlich anderes. Und diesem Geheimnis nähert sich der Cusaner mit immer anderen Bildern; vielleicht ist die metaphorische Sprache insgesamt die angemessenere, wenn wir von Gott und seiner Schöpfung reden?

„Ego sum, quia tu me respicis“ („Ich bin, weil du mich ansiehst“) – so beantwortet Nikolaus die Frage nach der Weise des selbsterschaffenden Schauens Gottes: „Soweit Du mit mir bist, soweit bin ich. Und da Dein Sehen Dein Sein ist, bin ich also, weil Du mich anblickst.“ (VD III, 105)) Nichts und niemand ist davon ausgeschlossen: Gottes

Sicht ist der Grund alles Sichtbaren. „Deine Schau nämlich verleiht das Sein, weil sie Deine Seinsheit ist. (...) Wenn Dein Sehen Dein Schaffen ist, und Du nichts siehst, dass Dir gegenüber ein Anderes ist, (...) wie schaffst Du Dinge, die Dir gegenüber etwas Anderes sind? Du scheinst Dich selbst zu erschaffen, so wie Du Dich selbst siehst." (VD III, S. 143ff.)

Zwei Grundgedanken der Schöpfungslehre des Cusaners, die das immerwiederkehrende Thema in seinen Schriften darstellt, lassen sich erkennen:

1. Alle Dinge verdanken ihr (So-)Sein dem göttlichen Blick;
2. Gott verwirklicht sich in seiner Schöpfung.

Schon hier wird deutlich, dass es kaum einen größeren Kontrast geben kann als zwischen dem cartesischen „Cogito, ergo sum" und dem cusanischen „Ego sum, quia tu me respicis".

Arthur Hübscher berichtet in diesem Zusammenhang von einer Begegnung zwischen Schopenhauer und Goethe: Als jener erklärte, „dass die Sinnenwelt unsere Vorstellung sei, und das Licht nicht wäre, wenn wir es nicht sähen, blickte Goethe ihn groß mit seinen Jupiteraugen an und sagte: Nein, *Sie* wären nicht, wenn das Licht *Sie* nicht sähe."

2. „Genauso würde auch ein Löwe, wenn er Dir ein Gesicht zuschriebe, es für nichts anderes als ein löwenartiges (...) halten."

Da sind sie: die Tiere; in der Überschrift schon einmal der Löwe. Unsere Mitgeschöpfe kommen bei Nikolaus ins Spiel, wenn er mit einer anderen Metapher umgeht, mit der des Spiegels; dieses Bild durchzieht die Schrift über die Gottes-Schau und wird zu einem Gleichnis der Erfahrung Gottes.

Es mag überraschen, dass Gott wiederum als Gegenüber der Welt aufgefasst wird, hatten wir doch gesehen, dass Gott sich in der Welt selbst schafft, also in seiner Schöpfung gegenwärtig ist. Wie die Hl. Schrift hält auch unser Cusaner eine unauflösbare Spannung aufrecht: Gott ist zugleich seiner Schöpfung gegenüber wie in ihr zugegen. Doch schauen wir weiter; es kann sein, dass es am Ende keine Spannung mehr ist, die nicht auszuhalten ist.

„Wohl trittst Du, mein Gott, mir entgegen als wärest Du erste formbare Materie, weil Du die Form eines jeden Dich Betrachtenden annimmst; dann bringst Du mich jedoch dahin, zu sehen, dass nicht der Dich Betrachtende Dir die Form gibt, sondern in Dir sich selber schaut, weil er von Dir das erhalten hat, was er ist. Und so verschenkst Du, was Du vom Betrachter zu erhalten scheinst; so als seist Du ein lebender Spiegel der Ewigkeit, d. h. die Gestalt der Gestalten.

Blickt jemand in diesen Spiegel, so sieht er seine Gestalt in der Gestalt der Gestalten, die der Spiegel ist. Und er glaubt, die Gestalt, die er im Spiegel sieht, sei die Darstellung seiner eigenen Gestalt. So nämlich verhält es sich bei einem Spiegel aus poliertem Metall.

Doch das Gegenteil davon ist wahr. Was er in jenem Spiegel der Ewigkeit sieht, ist nicht Darstellung, sondern die Wahrheit, deren Darstellung er, der Sehende, selbst ist. Also ist die Darstellung in Dir, mein Gott, die Wahrheit, und das Urbild von allem und allem einzelnen, das ist oder sein kann.“ (VD III, S. 161)

Erst in Gott sehe ich mich ganz; Gott spiegelt sich in mir – diese Paradoxie bringt Nikolaus hier ins Bild; und das nicht ohne die Welt und alles Geschaffene aus dem Blick zu verlieren.

Hatten wir nicht gesehen, dass die biblische Metapher von der Ebenbildlichkeit des Menschen genau das zum Ausdruck bringt? Der Mensch ist dann Ebenbild seines Schöpfers, wenn er wie ER Verantwortung für seine Mitgeschöpfe übernimmt – eben dann spiegelt sich Gott im Menschen wieder und durch ihn in der Schöpfung als Ganzer.

Doch das Gott-Sein des Menschen ist beschränkt; auch das sagt das Bild des Spiegels; denn er – als Geschöpf – kann nicht anders als nur menschlich urteilen; wenn er Gott ein Gesicht zuspricht, kann er es nicht „außerhalb der menschlichen Eigengestalt“ finden, da „sein Urteil innerhalb der menschlichen Natur verschränkt ist.“ Das Gebundensein an diese Verschränkung ist unüberwindlich – und allen Lebewesen zu eigen:

„Genauso würde auch ein Löwe, wenn er Dir ein Gesicht zuschriebe, es für nichts anders als ein löwenartiges, ein Rind für das eines Rindes und ein Adler für das eines Adlers halten.“ (VD III, S. 161)

Durch den gestaltenden Ideen-Blick Gottes sind wir, was wir sind – und dies im Konzert mit allem, was ist und lebt. So spiegelt sich eins im anderen: Die Welt in Gott und Gott in der Welt.

3. *„Darin, dass alles in Gott ist, schließt er alles ein ...*

... und darin, dass er selbst in allem ist, entfaltet er alles.“ (DI I, S. 333) Dies klingt wie ein Kommentar zu paulinischer Theologie:

„Es gibt verschiedene Kräfte, die wirken, aber nur den einen Gott: Er bewirkt alles in allen.“ (1 Kor 12,6); „ein Gott und Vater aller, der über allem und durch alles und in allem ist.“ (Eph 4,6)

Hatten wir gesehen, wie Nikolaus durch die Metapher des Ideenblickes Gottes Verhältnis zur Welt zu erklären versucht, geht es nun um ein weiteres erkenntnistheoretisches Modell: Dies geschieht mithilfe der Begriffe Entfaltung und Einfaltung („explicatio“ und „complicatio“).

Als eine Art „Prozess-Pantheismus“ bezeichnet Meyer-Abich diesen Gedanken, in dem sich Gott so in der Welt entfaltet wie die Ewigkeit in der Ruhe oder die Ruhe in der Bewegung. Eingefaltet ist alles in Gott, ausgefaltet ist er in allem.

In Bezug auf die Dinge und Geschöpfe heißt das, dass ihnen eine gemeinsame, erste und allgemeine Natur innewohnt. Im Ganzen der Natur ist es die Weltseele („anima mundi“), die für den Cusaner nichts anderes ist als der Schöpfer-Gott des Christentums: „Plato nannte die Welt ein Lebewesen. Wenn man deren Seele als Gott begreift – aber ohne dass er in ihr aufgeht – wird vieles von dem, was wir gesagt haben, deutlich.“

Die Entfaltung der Welt nun ist so gedacht, dass die Weltseele die Ideen als die Urbilder der Dinge in sich trägt, „wie ein Künstler, der eine Statue in Stein ausmeißeln will, (...) die Gestalt der Statue als Idee“ in sich hat und sie durch Bewegung aus der Materie hervorbringt.

Kommen wir zu einer weiteren cusanischen Metapher, nämlich zu der des Nussbaumes; dieser wird für ihn zum Gleichnis – wiederum im Kapitel über die Gottes-Schau.

Zunächst beschreibt er einen prachtvollen Baum und erklärt dann, dass dieser in seinem Samen nicht so enthalten ist, wie man ihn ausgewachsen sehen kann, sondern „der Kraft nach“, die im Samen liegt und aus diesem den Baum wachsen lässt.

Diese Kraft stammt zunächst aus demjenigen Baum, der diesen Samen gebildet hat. Die Frage nach dem Ursprung aller Kraft ist damit allerdings noch nicht beantwortet. Ist die gestaltende Kraft des Samens noch „baumhaft“, so kann die Urkraft noch nicht auf Bäume festgelegt sein. Sie ist vielmehr „der Ursprung, der jeder Samenkraft und jeder anderen Kraft das Sein verleiht. (...) So ist der Baum in Dir, mein Gott, Du selbst. In Dir ist er Wahrheit und das Urbild seiner selbst. Gleichermaßen ist auch der Samen des Baumes in Dir Wahrheit und Urbild seiner selbst, des Baumes und des Samens.“ Gott ist die „absolute Kraft“ und die „Natur aller Naturen“ (DI I, S. 121).

Das Gedachte mündet in einen für Nikolaus typischen Dialog mit seinem Schöpfer: „Mein Gott, Du hast mich dahin geführt zu sehen, dass Dein absolutes Aussehen das natürliche Aussehen jeder Natur ist.“ (DI I, S. 121)

Abgeschlossen wird dieser Lobpreis – und damit zeichnet der Kardinal den Weg seiner Anthropologie vor – von jener wunderbaren An-Rede Gottes an den Menschen: „Und wenn ich so im Schweigen der Betrachtung verstumme, antwortest Du mir, Herr, tief in meinem Herzen und sagst: Sei du dein und ich werde dein sein (sis tu tuus et ego ero tuus).“ (Ebd.)

Spätestens hier ist auch die Nähe zur deutschen Mystik unübersehbar: Wenn Meister Eckhart von der „kraft in der sele“ spricht, ist damit nichts anderes als das im konkret seienden Geschöpf anwesende „esse virtuale, das archetypische Sein“, wo noch ungeschieden alles Geschaffene (das Glühwürmchen wie die Mücke und der Mensch) als Gott in Gott ruht. Diese Seinsweise ist die „edle“, d. h. letztlich authentische Seinsweise, derer sich der Mensch „in der Gnade zu versichern hat.“

Dieser Synthese kommt zudem visionäre Kraft zu, da sie Gott und Mensch zusammendenkt, ohne den Menschen einerseits aus der religiösen Bindung zu lösen, aber auch, ohne andererseits eine ihn beengende Religionsauffassung zugrunde zu legen.

Das bedeutet erstens: Im Prozess der uneingeschränkten Selbstannahme des Menschen erfolgt zugleich die Annahme Gottes; das eine geschieht nicht auf Kosten des anderen. Dagegen sieht auch noch das gegenwärtige Kirchen- und Religionsverständnis die Religionszugehörigkeit meist – auch im Blick auf aktuelle Verlautbarungen – in Verbindung mit zugehörigen Maßnahmen der Selbsteinschränkung.

So ordnet der damalige Präfekt der Glaubenskongregation J. Ratzinger jeden homosexuellen Kontakt als sündhaft ein (vgl. Kongregation für die Glaubenslehre, Erwägungen zu den Entwürfen einer rechtlichen Anerkennung der Lebensgemeinschaften zwischen homosexuellen Personen, in: Verlautbarungen des Apostolischen Stuhls, 3. 6. 2003). Die Tatsache, dass homosexuell fühlende Menschen fast immer in einem mühsamen und schmerzhaften Prozess zu einer Annahme ihrer selbst gefunden haben, scheint dem Autor entweder nicht vorstellbar oder für eine Bewertung völlig irrelevant zu sein; denn was wahr ist, hat für den Glaubenshüter mit menschlichen Erfahrungen nichts zu tun: Was „Sünde" ist, meint Ratzinger unabhängig vom je eigenen und unverwechselbaren Lebensweg festlegen zu können. Das Lehramt hat sich offenbar weit von dem entfernt, was Johannes Paul II. in seiner Antrittsenzyklika von 1979 noch als wegweisend erklärt hat: Der Weg der Kirche ist der Mensch! (Vgl. dazu: Enzyklika Redemptor Hominis, 1979)

Zweitens bildet zur anderen Seite hin der cusanische Ansatz ein Korrektiv: Die Annahme eines dem Menschen unendlich überlegenen Gottes stellt im Gegensatz zu Vertretern moderner Emanzipationsbewegungen keine Selbstbeschränkung dar und geht nicht zwangsläufig mit einem Freiheitsverlust einher. Nikolaus lässt vielmehr – über die gegenwärtige Emanzipationstheorie positiv hinausgreifend – den Menschen auf die Aufforderung Gottes etwa so antworten: „Du machst die Freiheit notwendig, da Du nicht mein sein kannst, wenn ich nicht mein bin."

4. „... alle Löwen leonisieren ..."

Meyer-Abich übersetzt so das cusanische Wort „omnes leones leonizare", und mit diesem zugegebenermaßen etwas kryptischen Satz finden wir uns mitten in einem weiteren – und eben auch „tierischen" – Themenkomplex:

Für Nikolaus war nämlich der Vervollkommnungsgedanke der jeweiligen Natur so wichtig, dass er ihn gleich an den Anfang seines philosophischen Hauptwerkes setzt: „Wir werden gewahr, dass durch göttliches Geschenk allen Dingen ein natürliches Verlangen innewohnt, auf die bestmögliche Weise, zu der eines jeden Natur die Vorraussetzungen in sich birgt, zu sein; sie besitzen geeignete Mittel, um auf dieses Ziel hinzuarbeiten." (DI I, S. 195)

Die Natur eines Lebewesens ist demnach die bestmögliche Weise, in der es wirklich sein kann. Jedes Geschöpf ist als solches – in den Grenzen seiner Natur – vollkommen und „trachtet nicht danach, ein anderes Geschöpf zu sein, als ob es dadurch vollkommener wäre. (…) Es liebt vielmehr in vorzüglicher Weise das, was es vom Größten erhalten hat als göttliches Geschenk und wünscht, dies auf unvergängliche Weise zu vollenden und zu bewahren." (DI I, S. 329f.)

Und auch für den Menschen gilt: „Denn der Mensch strebt nicht nach einer anderen Natur, sondern nur danach, in der seinen vollkommen zu sein." Und – so als wüsste der Cusaner um die „Interplanetarier-Diskussion": „Wie immer also jene Bewohner anderer Sterne sein mögen, sie stehen mit den Bewohnern dieser Welt in keinem Verhältnis" (!) (DI I, S. 405)

Von hierher nun wird endlich deutlich, was Nikolaus mit „leonisierenden Löwen" ausdrücken will: Er geht in seiner Betonung der wesentlichen Bewegtheit allen Seins so weit, dass alle Substantive und sogar Namen in Verben zu verwandeln sind. So schreibt er an einen befreundeten Kardinal: „Das aber, was in dir Julianus, das ‚Julianus-Sein' ist (est iulianizare), ist in allen Menschen das Mensch-Sein (hominizare), in den Tieren das Tier-Sein (animalizare)." (DC II, S. 99)

Und an anderer Stelle: „Wenn wir sagen, dass es geistige und verständige Bewegung gibt, so als ob der Geist-Hauch die aus dem Munde Gottes ausgehauchte Kraft sei, durch die jene selbig-machende Bewegung, welche die Gotteskraft ist und so die Teilhabenden zum Selben bewegt und leitet, unaufhörlich gespendet wird; wenn wir sehen, dass alle Löwen, die waren und jetzt sind, löwenhaft sind (leonizare videmus), dann erfassen wir die Sphäre oder Region oder den Himmel, der diese eigengestaltige Kraft ständig umfasst und sie anderen gegenüber eigengestaltig macht und unterscheidet." (DDG II, S. 437)

Nikolaus vertieft mit diesem Bild seinen schöpfungstheologischen Kerngedanken, worin sich Gott in seinen Geschöpfen entfaltet.

Der Unterschied zu einem mechanistischen Gottesbild, in dem Gott zur höchsten Vernunft stilisiert wird und der Mensch folglich – aufgrund seines Vernunftbesitzes – „ebenbildlich" zu werden vermag, kann nicht größer sein. Die cusanische Theologie steht eher in der Nähe der johanneischen Mystik, in der Gott „die Liebe" ist (vgl. 1 Joh 4,8). Durch die allem Lebendigen innewohnende Liebe Gottes ist jedes Geschöpf das, was es ist. Ein in die Wolken projiziertes göttliches Wesen, das sich in fast unüberwindlicher Distanz zur Welt verhält und sich nur durch menschliche Vernunft bewegen und verstehen lässt, ist von diesem Ansatz her nicht denkbar und wird überdies später mit Recht dem Projektionsverdacht zum Opfer fallen.

5. *„Auch dich selbst kannst du nur in ihm finden."*

Der Gedanke, der Mensch könne sich grenzenlos Gott annähern, ist nicht nur Descartes und den in seiner Tradition stehenden Denkern zu eigen; auch in der Anthropologie des Cusaners kommt dem Menschen allein dieses Privileg zu. Sehen Erstere darin die Möglichkeit, ja den Auftrag, zu kleinen „Leibnizschen Göttern" zu avancieren, leitet Nikolaus daraus das Postulat ab, in Gott aufzugehen. „Der uns gemacht hat, weiß allein, was wir sind, wie und wozu wir sind. Wenn du etwas von uns zu wissen begehrst, dann musst du das in unserem Wesens- und Bestimmungsgrund suchen, nicht in uns. Dort wirst du alles finden, wenn du das eine suchst. Auch dich selbst kannst du nur in ihm finden.“ (DI I, S. 417)

Meyer-Abich wird nicht müde zu betonen, dass diese kontemplative Annäherung des Menschen an Gott in der Weise der Gottes-Schau zu einer völlig anderen Lebenspraxis führt als jener aktionistische Weg des Gottes-Tuns. Letztere „Spiritualität“ ist die des modernen Menschen geworden, der schließlich durch den Verlust jeder Bindung zum „Interplanetarier“ mutieren musste. Es ist dies der Weg, wie wir gesehen haben, der Assimilation an das Gottesbild in der Verbindung von Allmacht und Allwissenheit im weltverändernden Willen.

Auch für Nikolaus ist Gott ein Künstler, dem der Mensch nacheifern kann – allerdings auf jenem anderen Weg: „Stelle dir die absolute, durch sich selbst bestehende Schöpfungskunst so vor, dass die Kunst ein Künstler ist und die Meisterschaft ein Meister. Diese Kunst besitzt in ihrer Wesenheit notwendigerweise die Allmacht, so dass ihr nichts widerstehen kann; sie besitzt die Weisheit, so dass sie weiß, was sie tut; die Verknüpfung der Allmacht mit der Weisheit, so dass geschieht, was sie will. (...)

Mit Hilfe der Bewegung schaffen alle Künstler, was sie wollen. Darum wirkt die Kraft der Schöpferkunst, welche die absolute und unendliche Kunst oder der gepriesene Gott ist, alles in jenem Geist oder Willen, in dem die Weisheit des Sohnes und die Allmacht des Vaters sind, so dass ihr Werk das der ungeteilten Dreieinigkeit ist. (...)

So ist es jedem Geist und auch unserem, wiewohl er niedriger erschaffen ist als alle anderen, von Gott verliehen, auf seine Weise ein vollkommenes und lebendiges Abbild der unendlichen Kunst zu sein. (...)

Obwohl also unser Geist im Ursprung der Schöpfung keinen wirklichen Widerschein der Schöpferkunst in Dreiheit und Einheit besitzt, hat er doch die ihm miterschaffene Kraft, durch die er sich, wenn sie angeregt wird, der Wirklichkeit der göttlichen Kunst ähnlicher gestalten kann. (...)

Wenn es angeregt ist, kann es sich der göttlichen Wirklichkeit ohne Ende ähnlicher gestalten, auch wenn die unerreichbare Genauigkeit der unendlichen Kunst immer bestehen bleibt." (IDM III, S. 593ff.)

Die unvergleichliche Würde und somit die „Sonderstellung" des Menschen fallen beim Cusaner somit mit seiner absoluten Begrenztheit in eins. Immer wieder mündet das cusanische Denken über den Menschen in ein Gebet: „Du hast mir, Herr, das Sein gegeben (...) Diese Kraft, die ich von Dir erhalten habe und in der ich ein lebendiges Abbild der Kraft Deiner Allmacht besitze, ist der freie Wille, durch den ich die Aufnahmefähigkeit für Deine Gnade vergrößern oder verringern kann." (VD III, 105)

So wie Nikolaus die menschliche Freiheit empfunden hat, gehört sie zur Grundausstattung des Menschen, der, nicht infantil geblieben, ausschließlich seine Bedürfnisbefriedigung im Sinn hat, sondern als Erwachsener verantwortungsbewusst in der Schöpfung lebt.

Wie wir im „Ethogramm der Interplanetarier" festgestellt haben, ist der neuzeitliche Mensch wesentlich anders mit seiner Freiheit umgegangen: Der Gedanke, unser freier Wille sei ein lebendiges Abbild von Gottes Allmacht, ist in Hybris umgeschlagen, sei es gegenüber unserer natürlichen Mitwelt und letztlich gegenüber Gott. Verbunden mit der vermeintlichen Allmacht der Technik und der sich absolut verstehenden Allwissenheit der Wissenschaft, war dies das bisherige Schicksal der Moderne.

Ein Schlüssel zum tieferen Verständnis der „bescheidenen Anthropologie" des Cusaners ist dessen Christologie, die uns nun näher beschäftigen soll.

6. *„Wir kennen ja keine engere Verbindung als die der Kindschaft."*

Mit vielen Belegen, besonders aus Predigten des Kardinals, arbeitet Wolfgang Lentzen-Deis die These aus: „Der Glaube an Christus und der Glaube Christi fallen (...) ineins." (Den Glauben Christi teilen, S. 76) Die cusanische Theologie führt zum „Christus in uns". Erst wenn man eine solche Glaubensschau erlangt hat, vollzieht sich eine „doppelte Einkehr" ins eigene Innere und man gelangt auf dem gleichen Weg zur Erfahrung seiner selbst als eines „Symbols der ewigen Einfaltung aller Symbole". Der Gläubige lässt dann sowohl die in ihm erfahrbare Welt als auch sich selbst los.

Daraus ergibt sich der anthropologische Ansatz, der Nikolaus auf die Frage, wie Christus inhaltlich zu verkünden sei, antworten lässt: „Ich antworte, dass wir ihn durch die Tür der Menschlichkeit verkündigen müssen." (Sermo CCLXXX, Nr. 8) Lentzen-Deis, der die Bedeutung des Cusaners für die Religionspädagogik im Blick hat, sagt, dass die cusanischen Handreichungen gängige religionspädagogische Wege der auf „objektive" Erkenntnis ausgerichteten Christologie übersteigen. Sie wollen den Adressaten „nach innen", zum Christus im Menschen führen.

Dies beschreibt Nikolaus 1444 in einer Weihnachtspredigt als die „geistliche Geburt" Jesu in den Herzen der Menschen – im Unterschied zur „ewigen Geburt" in der trinitarischen Gottheit und zu „zeitlichen Geburt" des Gottmenschen in Nazaret. Da Christus in uns ist, besteht schließlich eine Verschränkung von Welt-, Selbst- und Gotteserfahrung. Cusanus scheut sich demzufolge nicht vor der Aussage: „Der Mensch ist Gott." (Ebd.)

Doch ist sowohl der Weg hierhin – nämlich im Rahmen der Christologie – als auch die daraus ableitbaren Konsequenzen – eben in die Kontemplation – von grundsätzlich anderer Natur als etwa bei Leibniz.

Folglich ist die Gottessohnschaft Jesu nicht exklusiv, sondern *exemplarisch* zu verstehen: „Weil Du, mein Gott, die verstehbare Wahrheit bist, kann die geschaffene Vernunft mit Dir vereint werden. So sehe ich, (…) dass ein Mensch, der Dich, den empfänglichen Gott aufnimmt, in eine Verbindung eingeht, die wegen ihrer Innigkeit den Namen Kindschaft erlangen kann. Wir kennen ja keine engere Verbindung als die der Kindschaft.(…)

In diesem höchsten Sohn ist die Kindschaft wie die Kunst im Meister oder das Licht in der Sonne. In den anderen aber ist sie wie die Kunst in den Schülern oder das Licht in den Sternen.“ (VD III, S. 179)

Für Nikolaus steht fest, dass Jesus dem göttlichen Vorbild zwar näher kommt als alle anderen Menschen, sich von ihnen jedoch nur so unterscheidet wie der Meister von den Schülern. Und in seinem Verhältnis zu Gott ist er zwar dessen vollkommenstes Abbild, allerdings ein Abbild und insoweit einer „sehr vollkommenen Truhe“ im Verhältnis zu ihrer Idealgestalt vergleichbar. In diesem Bild der Truhe liegt keine Abwertung; es geht vielmehr um eine Aufwertung des Menschen zum wirklichen Bild Gottes, wie es die Bibel ausdrückt. Die Gottessohnschaft Jesu ist der Weg, auf dem der Mensch folgen kann und soll, und eben nicht das Privileg eines einzelnen.

So schreibt auch Joseph Ratzinger: „Die Gottessohnschaft Jesu beruht nach dem kirchlichen Glauben nicht darauf, dass Jesus keinen menschlichen Vater hatte; die Lehre vom Gottsein Jesu würde nicht angetastet, wenn Jesus aus einer normalen menschlichen Ehe hervorgegangen wäre. Denn die Gottessohnschaft, von der der Glaube spricht, ist kein biologisches, sondern ein ontologisches Faktum; kein Vorgang in der Zeit, sondern in Gottes Ewigkeit: Gott ist immer Vater, Sohn und Geist; die Empfängnis Jesu bedeutet nicht, dass ein neuer Gott-Sohn entsteht, sondern daß Gott als Sohn in dem Menschen Jesus das Geschöpf Mensch an sich zieht, so dass er selber Mensch

‚ist'." (vgl. seine Einführung in das Christentum von 1971, S. 199).

Ob der heutige Papst mit dieser großartigen Übersetzung des Gedankengutes jenes Kardinals aus Kues heute noch übereinstimmen würde, ist zu bezweifeln!

7. *„In seiner Vernunft kommt die Vollendung der schaffbaren Natur zur Ruhe."*

Gemeint ist hiermit nicht die Vernunft des Menschen, sondern diejenige Jesu Christi; zwar gelangt die Menschheit zu sich selbst, indem sie ihre Verstandeskraft entfaltet, aber die Welt hat ein Ziel, das über das Tun des Menschen hinausgeht. Damit ist der Ort des Menschen im Gesamt der Schöpfung bestimmt, der im Folgenden näher beschrieben wird.

In einem Lobpreis auf die Weisheit ruft Nikolaus zunächst aus: „Wie herrlich richtete sie es ein, dass sie dem Menschen als Verbindung des Universums und als Mikrokosmos im Höchsten der sinnlichen und im Untersten der geistigen Natur seinen Platz gab, indem sie in ihm, wie in einer Mitte, das niedere Zeitliche und höhere Immerwährende verband!" (VS I, S. 149)

Der Mensch als Mikrokosmos spiegelt auf seine Weise die Vollkommenheit der Welt wider und ist zugleich ganz in sie eingebunden. „Wir erfahren an uns, denen mit den übrigen Lebewesen die Sinne gemeinsam sind, dass wir darüber hinaus den Geist haben, der um die Ordnung weiß und sie lobt; und darin wissen wir, dass wir der unsterblichen Weisheit und der Verknüpfung mit Gott und dem Geistigen fähig sind. So wie wir in jenem Teil, in dem wir den anderen Lebewesen verbunden sind, deren Natur erlangt haben, so haben wir in jenem Teil, durch den wir der geistigen Natur verbunden sind, an dieser Anteil. Deshalb wird durch die Sterblichkeit des Tierischen in uns der

Geist nicht ausgelöscht, denn er ist dem Geistigen verbunden, das immer währt." (Ebd.)

Diese Verbundenheit des Menschen mit dem Geistigen entfaltet Nikolaus im Rahmen seiner Erkenntnislehre, die eine Dreiteilung aufweist: „Es gibt keinen Zweifel, dass der Mensch aus Sinnlichkeit und Geist besteht und dass der Verstand, in der Mitte zwischen beiden, diese miteinander verknüpft." (DI I, S. 459) Für ihn ist der Mensch wie ein Kosmograph, „dem eine Stadt mit den fünf Toren der Sinne eigen ist." (DPL II, S. 707f.)

Der Neurobiologe Antonio Damasio schreibt ca. 550 Jahre später(!): „In rascher Folge haben genau dieselben Hirngebiete mehrere ganz verschiedene Karten mit Hilfe je anderer sensorischer Inputdaten konstruiert, die der Organismus zusammengetragen hatte." (Ich fühle, also bin ich, S. 34)

Durch die „Tore der Sinne" treten die Boten der ganzen Welt ein und geben Kunde von der gesamten Lage der Welt. Rational verarbeitet der Mensch dann diese Eindrücke und legt diese „wohlgeordnet und im Verhältnis abgemessen auf einer Karte nieder und wendet sich ihr zu." (DPL II, 709) Hierin unterscheidet er sich nicht grundsätzlich vom Tier; „der kluge Hans" wurde deshalb in einer Hommage gewürdigt, weil seine „Sinnestore" so weit geöffnet sein können, dass die sich anschließenden rationalen Leistungen beachtlich sind.

Das Spezifische des menschlichen Geistes ist es, dass dieser sich die Welt – anders als das kluge Pferd etwa – durch Begriffe zu eigen macht. Diese sind ihm also nicht vorgegeben oder angeboren; vielmehr handelt es sich hier um eine eigene geistig-menschliche schöpferische Tätigkeit. Der erkenntnistheoretische Wert der sinnlichen Wahrnehmung wird später der existentiellen Angst des Rene Descartes vor Täuschungen zum Opfer fallen – mit den bekannten fatalen Konsequenzen. Der Mensch wird zu einem „Kosmograph" mit verschlossenen „Toren der

Sinne". Von einer Gefährdung der christlichen Existenz, die sich aus lauter Angst hinter „verschlossenen Türen" verbunkert, weiß auch die Bibel und setzt dieser die pfingstliche Sinnenfreude des Auferstandenen entgegen. (Vgl. Joh 20,15 ff)

Kommen wir zurück zur „sinnenfreudigen Anthropologie" des Cusaners, in dessen Konzept der Mensch geistbegabt ist; der Geist ist darin „die lebende Darstellung der ewigen und unendlichen Weisheit. Aber in unsern Geistern gleicht dieses Leben anfangs einem Schlafenden, bis es durch die Verwunderung, die von den sinnlichen Dingen ausgelöst wird, dazu gebracht wird, sich zu bewegen; dann findet der Geist durch die Bewegung seines vernunfthaften Lebens in sich selbst das geschrieben, was er sucht." (IDM III, 519) Und im Unterschied zu den Tieren: „Wir beobachten bei den Tieren ein unterscheidendes und geplantes Vorgehen, ohne das ihre Natur nicht gut bestehen könnte. Weil aber dieses Vorgehen der Gestalt, d. h. der Vernunft oder des Geistes entbehrt, ist es verworren; ihm fehlt Urteil und Wissen." (Ebd., S. 517)

Geistige Fähigkeit heißt also, die vorgegebene Vernünftigkeit zu erfassen und zugleich eine eigene Welt hervorzubringen. Dafür gilt der schon in der Scholastik gültige Satz, dass nichts in der Vernunft sein kann, das nicht vorher im Sinn war.

Im Grunde handelt es sich um ein ständiges Voranschreiten in der Verarbeitung des sinnlich Wahrgenommenen; dies heißt in der Konsequenz, dass der Mensch lediglich in der Lage ist, die Wahrheit der Welt nur annäherungsweise zu erkennen.

Zum weiteren Verständnis ist der auch in der Scholastik übliche Unterschied von Geist (intellectus) und Verstand (ratio) wichtig; denn „der Verstand leugnet (...) die Zusammenfaltung der Gegensätze und behauptet ihre Unerreichbarkeit; so wie der Sinn die verstandesmäßige, ursprunghafte Einheit der vielen Sinnendinge leugnet.

Das Sehen ist unfähig festzustellen, dass Tönendes oder Süßes von der Natur des Sinnlichen ist.

Deshalb ist die Tatsache, dass der Zusammenfall der Gegensätze nicht erreichbar ist, die Wurzel aller verstandesmäßigen Feststellungen." (DC II, S. 83)

Nur der Vernunft ist die Fähigkeit zu eigen, sich selbst auf das absolut Eine, den absoluten Urgrund hin zu transzendieren, d. h. sie bezieht sich auf die absolute Identität, während die ratio im Bereich der Differenz bleibt:

„Der Geist, der höher fliegt, sieht, wenn auch die Sinnlichkeit der Vernunft unterworfen ist und ihren angeborenen Leidenschaften nicht in allem folgen muss, dass nichtsdestoweniger der Mensch aus sich selbst nicht zum Ziel seines geistigen und ewigen Verlangens zu gelangen vermag." (DI I, S. 461)

8. „... dass die ungeheure Verschiedenheit der Dinge das Abbild des einen Gottes ist..."

Wenn, wie wir schon gesehen haben, Nikolaus in der Weise des „Prozess-Pantheismus" von Gott spricht, dieser also in allen Geschöpfen „widerstrahlt", heißt das zunächst einmal für den Menschen, dass dieser über den Weg der Wahrnehmung der Vielheit aller Abbilder zum Unbegreiflichen gelangen kann.

Für die Wahrheit gilt, das weiß auch der Kardinal, dass sie im Bild keineswegs so gesehen werden kann, wie sie ist; denn jedes Bild fällt deshalb, weil es eben Bild und nur Bild ist, gegenüber der Wahrheit seines Urbildes ab.

Aber derjenige, der einsieht, dass das Bild das Abbild des Urbildes ist, kann sich, indem er das Abbild überspringt, auf unbegreifliche Weise der unbegreiflichen Wahrheit zuwenden.

Wenn jemand alle Geschöpfe als Abbild des einen Schöpfers begreift, sieht er auch im Blick auf sich selbst,

„dass, wie das Sein des Abbildes keine Vollkommenheit aus sich hat, alle seine Vollkommenheit von dem stammt, dessen Abbild er ist"; denn „das Urbild ist Maß und Wesenssinn des Abbildes." (ADI I, S. 543)

So gilt für Gott, dass er in allen Geschöpfen widerstrahlt, ebenso wie die Wahrheit im Abbild. Und jeder, „der erkennt, dass die ungeheure Verschiedenheit der Dinge das Abbild des einen Gottes ist, wird, wenn er alle Vielfalt aller Abbilder verlässt, unbegreiflich zum Unbegreiflichen gelangen." (Ebd.)

Nikolaus macht eindringlich deutlich , dass das Gesamt der Welt als Abbild gedacht werden muss, und jede Art von Ontologie, die etwa lediglich eine Lehre von der Gesamtheit der Seienden und nicht zugleich die Lehre von deren Bezogensein auf das absolute Urbild ist, wird als verfehlt abgewiesen.

Denn wer das einzelne Seiende aus diesem Verhältnis herauslöst, wird sich weder der Wahrheit als solcher, noch derjenigen des Seienden selbst nähern.

In der Konsequenz heißt das dann: Wir werden jedem Geschöpf nur dann gerecht, wenn wir es in seiner Bezogenheit auf den Schöpfer sehen. An dieser Stelle ist jede Unterscheidung von Mensch und Tier (und Pflanze, Landschaft …) fehl am Platz.

Innerhalb der Reich-Gottes-Theologie des Matthäusevangeliums wird dieser Gedanke narrativ entfaltet: Für Jesus ist demnach vom Senfkorn über die Vögel des Himmels, die Lilien des Feldes bis zum Kaufmann und den zehn Jungfrauen alles Bild für das Reich Gottes!

9. *„Ich habe den Ort gefunden, an dem man Dich unverhüllt zu finden vermag."*

„Er ist umgeben von dem Zusammenfall der Gegensätze. Dieser ist die Mauer des Paradieses, in dem Du wohnst." (VD III, S. 1363) Das Paradiesesmotiv, das selbstverständlich keine geographischen Aussagen treffen will, verbindet also so unterschiedliche Denker wie Nikolaus von Kues, Friedrich Nietzsche und Antonio Damasio.

Eugen Biser fühlt sich darüber hinaus an Kleist erinnert, der (in seiner Studie über das Marionettentheater) den Weg des Menschen so beschreibt: „Doch das Paradies ist verriegelt und der Cherub hinter uns; wir müssen die Reise um die Welt machen, und sehen, ob es vielleicht von hinten irgendwo wieder offen ist." (Biser, Nikolaus von Kues, S. 318f.)

Eigentlich geht es auch dem Cusaner um eine solche „Reise um die Welt"; wie umgekehrt seine Unendlichkeitsspekulation entscheidend zur Entschlüsselung der Kleistschen Metapher verhilft."

Das Bild der Mauer in der Symbolsprache des Cusaners können wir so aufschlüsseln: Diese umgibt das Paradies, und für Gott gilt, dass er im Paradies jenseits der Mauer, und zwar ganz weit jenseits, wohnt. Der Zweck der Mauer liegt darin, dass sie alles, was gesagt oder gedacht werden kann, von Gott abtrennt. Somit muss sich an der Mauer jede Einsicht, wenn sie Gott sehen will, „im Finstern ansiedeln"; denn kein Erfindergeist kann die Mauer mit eigener Kraft ersteigen.

Dennoch gibt es eine Pforte und somit einen Eingang zum Paradies; diese Tür ist im Rückgriff auf Joh 10,9 der menschgewordene Gottessohn. „Sein Tor bewacht höchster Verstandesgeist. Überwindet man ihn nicht, so öffnet sich nicht der Eingang. Jenseits des Zusammenfalls der Gegensätze vermag man Dich zu sehen; diesseits aber nicht. Wenn also in Deinem Blick, o Herr, die Unmöglichkeit die Notwendigkeit ist, dann gibt es nichts, das Dein Blick nicht sähe.“ (VD III, S. 133)

Diese Stelle nimmt also nicht nur Kleist vorweg, sie ist zugleich zutiefst der mystischen Tradition verpflichtet: Mit unverhohlener, fast modern anmutender Entdeckerfreude kommt Cusanus hier auf sein intellektuelles Urerlebnis zu sprechen. Im Prinzip der „docta ignorantia“, also der einsichtig gewordenen Unwissenheit, ist seiner Überzeugung nach der Schlüssel zum Inbegriff des wahrhaft Wirklichen und wirklich Wahren gefunden, nämlich der Eintritt in das Spekulative.

Wie wir gesehen haben, ist es Nikolaus Anliegen, „auf unbegriffliche Weise an das Unbegreifliche“ zu rühren und „die Welt des Mehr und Minder mitsamt der ganzen darauf bezogenen Begriffenheit hinter sich“ zu bringen. Das vom Bewusstsein geleitete Denken erlangt seinen Objekten gegenüber eine neue Freiheit, die an der göttlichen Indifferenz selbst bemessen ist.

Anstatt auf den mühsamen und zugleich vergeblichen Weg der Abstraktion findet es den Zugang zu den Dingen im freien Spiel mit sich selbst, sofern es nur bis an seine äußerste Grenze geht.

Zudem haben wir gesehen, dass alles Sehen Gottes in einem vorgängigen Gesehensein durch ihn gründet, und dieses mystische Moment geht schwerlich mit dem Eindruck einer auf das Äußerste gerichteten Anstrengung zusammen. Dennoch ist es für das Gesamtverständnis wichtig: Nur wer den cusanischen Denkweg als die spekulative Entfaltung eines mystischen Ausgangserlebnisses begreift, versteht ihn in seiner Radikalität damit als Ganzen. Und schließlich kann er sich vom Autor selbst bestätigt sehen, der sich auf den Höhepunkten dieses Weges, wie der Umschlag der Spekulation in die Meditation immer wieder zeigt, gerade nicht als Sieger, sondern als ein Gesegneter fühlt.

In der Einsicht, dass das Höchste nur geleistet werden

kann, weil es zuvor schon gegeben war und dass das Eigenste zuinnerst ein An-geeignetes ist, tritt Nikolaus in die Reihe der Denker, die ihre entscheidenden Einsichten weniger der intellektuellen Anstrengung als vielmehr einer „Erleuchtung von oben“ verdanken.

10. Theologische Erträge oder: „Wir beobachten bei den Tieren ein unterscheidendes und geplantes Vorgehen, ohne das ihre Natur nicht gut bestehen könnte.“

Wenn Nikolaus von Kues sich als „Jäger der Weisheit“ versteht, dann befindet er sich damit inmitten jener Denktradition, von der auch das biblische Buch der Weisheit geprägt ist:

Du hast mit allem Erbarmen, weil du alles vermagst, und siehst über die Sünden der Menschen hinweg, damit sie sich bekehren. Du liebst alles, was ist, und verabscheust nichts von allem, was du gemacht hast; denn hättest du etwas gehasst, so hättest du es nicht geschaffen. Wie könnte etwas ohne deinen Willen Bestand haben, oder wie könnte etwas erhalten bleiben, das nicht von dir ins Dasein gerufen wäre? Du schonst alles, weil es dein Eigentum ist, Herr, du Freund des Lebens. Denn in allem ist dein unvergänglicher Geist. (Weish 11,23 – 12,1)

Bei den cusanischen Streifzügen durch die Welt wird alles zum Bild für den, der „dem geringsten Geschöpf die gleiche eifrige Sorge widmet wie dem größten und dem ganzen Gesamt.“ (VD, Bd. III, S. 99) Somit ist die selbstverständliche Gegenwart der Tiere in seinen Entwürfen zutiefst der biblischen Tradition verpflichtet.

Ebenso selbstverständlich wie ihr je eigener Gottesbezug – ein Löwe sieht eben Gott mit löwenartigem Gesicht! – ist die göttliche Gegenwart in ihnen – so ist der Baum, der

Adler, die Kuh … „ in Dir, mein Gott, Du selbst“; denn „eingefaltet ist alles in Gott, ausgefaltet ist er in allem.“

Wer sich dann in der Tradition des Cusaners ebenfalls auf die Jagd nach der Weisheit machen möchte, für den gilt der Leitsatz: „Mein Gott, Du hast mich dahin geführt zu sehen, dass Dein absolutes Aussehen das natürliche Aussehen jeder Natur ist.“

Der Cusaner steht noch ganz in der Tradition, die Natur neben der Bibel als das andere Buch der Offenbarung zu verstehen und darin zu lesen. Für den Menschen gilt dann zunächst einmal und somit konstitutiv dasselbe: „Auch dich selbst kannst du nur in ihm finden.“

Dennoch kommt auch in der cusanischen Theologie dem Menschen eine Sonderstellung zu: „Der Mensch ist Gott“. Zwar teilt der Mensch mit den Tieren die Fähigkeit, die sinnliche Wahrnehmung der Welt wie ein Kosmograph rational zu verarbeiten. Grundsätzlich aber unterscheidet er sich von seinen Mitgeschöpfen dadurch, dass er allein sich durch Begriffe die Welt zu eigen machen kann und sie auf den Schöpfer hin zu transzendieren vermag. Dazu ist ihm der Verstand gegeben, der Sinnliches und Geistiges verknüpft.

Der Weg des Menschen ist somit ein Weg der Gott-Werdung, der kontemplativ zu beschreiten ist und zugleich der der eigenen Mensch-Werdung: „Sei du dein, dann werde ich dein sein!“

Nikolaus von Kues geht somit von einem Erfahrungsverständnis aus, das nicht nur die Gegenstände der sinnlichen Wahrnehmung betrifft – und dies gegenüber einer späteren empiristischen Einschränkung –, sondern auch das Denken selbst, das noch nicht im Descartschen Sinn auf rationalistische Weise von der Erfahrung quasi selbstherrlich gelöst ist.

Gebunden ist diese Anthropologie an die Christologie, die das Christusgeschehen exemplarisch und nicht exklusiv versteht. Zugleich ist dieser Christus die Kulmination der gesamten Schöpfung: „In seiner Vernunft kommt die Vollendung der schaffbaren Natur zur Ruhe.“ Dies scheint eine deutliche Anspielung auf Gen 1,1–2,4a zu sein: Die Schöpfung kulminiert im Tag der Ruhe, nicht in der Erschaffung des Menschen.

Hierin könnte die Menschheit eine erneute Kränkung erleiden; denn es ist eben nicht die menschliche Vernunft, auf die alles zuläuft!

Der Weg des Menschen ist – ebenso wie der des Jesus von Nazareth – der der Kindschaft: „So sehe ich, (…) dass ein Mensch, der Dich, den empfänglichen Gott aufnimmt, in eine Verbindung eingeht, die wegen ihrer Innigkeit den Namen Kindschaft erlangen kann. Wir kennen ja keine engere Verbindung als die der Kindschaft.“

Im Blick auf die Paradieses-Metapher wäre schließlich das Folgende mit Nikolaus zu diskutieren: Wenn „das Tor“ vom höchsten Verstandesgeist bewacht wird, erst in seiner Überwindung sich der Zugang (wieder) öffnet und die Tiere eben jene Geschöpfe sind, denen diese Vernunft nicht zu eigen ist – dann müsste ihr Ort – von uns aus gesehen – tatsächlich jenseits der Mauer sein.

Im Gesamt der cusanischen Weisheit hätte vermutlich der Gedanke seinen Platz: Die Tiere erinnern uns an jene Gott-Unmittelbarkeit, die wir verloren haben!

Zitierte Literatur

1. Nikolaus von Kues

Nikolaus von Kues, Philosophisch-theologische Werke. Lateinisch – deutsch. Mit einer Einleitung von K. Bormann, 4 Bde., Hamburg 2002; darin:
De docta ignorantia [DI] (Bd. I);
De coniecturis [DC] (Bd. II);
Idiota de mente [IDM] (Bd. II);
De venatione sapientiae [VS] (Bd. IV).

Nikolaus von Kues, Die Philosophisch-Theologischen Schriften. 3 Bde., hrsg. von Gabriel, L., übersetzt und kommentiert von Dupré, D. u. W., Wien, 1989; darin:
Apologia doctae ignorantiae [ADI] (Bd. I);
Dialogus de Genesi [DDG] (Bd. II);
De dato patris luminum [DPL] (Bd. II);
De visione dei [VD] (Bd. III).

2. Weitere Literatur

Alcock, J., Das Verhalten der Tiere aus evolutionsbiologischer Sicht, Stuttgart, New York 1996.

Baranzke, H., Würde der Kreatur. Die Idee der Würde im Horizont der Bioethik, Würzburg 2002.

Barth, K., Kirchliche Dogmatik, Bd. III/ 2, Zollikon, Zürich 1959.

Bernhart, J., Die unbeweinte Kreatur, München 1987.

Biser, E., Nikolaus von Kues als Denker der unendlichen Einheit, in: Theologische Quartalschrift, Tübingen 1966.

Damasio, A., Ich fühle also bin ich. Die Entschlüsselung des Bewusstseins, München 2002.

Darwin, Ch., Die Abstammung des Menschen, Wiesbaden 1966.

Descartes, R., Die Prinzipien der Philosophie, 1644, übers. u. erläutert von Buchenau, A., Hamburg 1955.

Descartes, R., Meditationes de prima philosophia - Meditationen über die erste Philosophie, 1641, hrsg. von Schröder, E.Chr., Hamburg 1956.

Du Bois-Reymond, E., Vorträge über Philosophie und Gesellschaft, Hamburg 1974.

Flasch, K., Die Metaphysik des Einen bei Nikolaus von Kues, in: Brill, Studien zur Problemgeschichte der antiken und mittelalterlichen Philosophie 7, Leiden 1973.

Flasch, K., Nikolaus von Kues. Geschichte einer Entwicklung. Vorlesungen zur Einführung in seine Philosophie, Frankfurt a. M. 2001.

Grasskamp, W., Am Anfang war das Tier, Höhlenmalerei oder zur Deutungsgeschichte einer Differenz, in: Mensch und Tier, Eine paradoxe Beziehung, Begleitbuch zur gleichnamigen Ausstellung, Deutsches Hygiene-Museum, Dresden 2003, S.13ff.

Gräßler, Biblische Tierschutzethik aus neutestamentlicher Sicht, in: Janowski, B. / Riede, P. (Hg.), Die Zukunft der Tiere. Theologische, ethische und naturwissenschaftliche Perspektiven, Stuttgart 1999.

Jäger, W., Das Sakrament des Augenblicks, in: Lewkowicz, M./ Lob-Hüdepohl, A. (Hg.), Spiritualität der sozialen Arbeit, Freiburg 2003.

Katholischer Erwachsenen-Katechismus, Das Glaubensbekenntnis der Kirche, hrsg. von der Deutschen Bischofkonferenz, Kevelaer u.a. 41989.

Kepler, J., Das Weltgeheimnis. Mysterium Cosmographicum, übers. und eingeleitet von Caspar, M., München 1936.

Kerkeling, H., Ich bin dann mal weg. Meine Reise auf dem Jakobsweg, München 2006.

Leibniz, G.W., Die Theodizee von der Güte Gottes, der Freiheit des Menschen und dem Ursprung des Übels, 1710, hrsg. von Herring, H., Darmstadt 1985.

Leibniz, G.W., Vernunftprinzipien der Natur und der Gnade. Monadologie, 1714, hrsg. von Herring, H., Hamburg 1982.

Lentzen-Deis, W., Den Glauben Christi teilen. Theologie und Verkündigung bei Nikolaus von Kues, Stuttgart 1991.

Lorenz, K., Er redete mit dem Vieh, den Vögeln und Fischen, Wien 1974.

Lüke, U., Mensch – Natur – Gott: Naturwissenschaftliche Beiträge und theologische Erträge, Münster 2002.

Masson, J. / McCarthy, S., Wenn Tiere weinen, Reinbek 1996.

McFarland, D. (Hg.), The Oxford Companion to Animal Behaviour, Oxford und New York 1987.

Metzinger, T. (Hg.), Bewußtsein. Beiträge aus der Gegenwartsphilosophie, Paderborn 1995.

Nagel, T., „Wie fühlt es sich an, eine Fledermaus zu sein?“, übersetzt von Gebauer, M., in: Letzte Fragen, Bodenheim b. Mainz 1996.

Newton, I., Mathematische Prinzipien der Naturlehre, 1686, hrsg. von Wolfers, J., Ph., Berlin 1872

Nietzsche, F., Unzeitgemäße Betrachtungen, Frankfurt-Leipzig 1981.

Roth, G. Fühlen, Denken, Handeln. Wie das Gehirn unser Verhalten steuert, Frankfurt a.M. 2001.

Stier, F., Vielleicht ist irgendwo Tag. Aufzeichnungen, Freiburg, Heidelberg 1981.

Stüttgen, A., Transzendenz erfahren, in: Scheidewege, Im Verlag der Max-Himmelheber-Stiftung, Jahrgang 24, 1994/95.

Waal, F. de, Der Affe und der Sushimeister, München 2002.

Waal, F. de, Der gute Affe, München-Wien 1997.

Waal, F.de, Wilde Diplomaten, München-Wien 1991.

Winterhager, E., Das Sich-Haben des Subjekts, in: Schmidt, G./ Wolandt, G. (Hg.), Die Aktualität der Transzendentalphilosophie, Bonn 1977.

Winterhager, E., Selbstbewußtsein. Eine Theorie zwischen Kant und Hegel, Bonn 1979.